Cómo Ser Mejores Hijos

MAKKO GONZALEZ

MAKKO GONZALEZ

DEDICATORIA

A MI FAMILIA

Ale, Juanpa y Lucy, porque hace ya 23 años que decidí en mi corazón que le pediría a Dios por mi esposa y por mis hijos, y fue allí, en esa silla vieja en el patio de mi antigua casa, donde inició por amor a ustedes esta aventura de #ComoSerMejoresHijos

¡Los amo y son lo mejor que me ha pasado en la vida!

MAKKO GONZALEZ

RECOMENDACIONES

"Cómo ser Mejores Hijos, no sólo es un libro para entender cómo ser mejores hijos de nuestros padres, sino también cómo ser mejores hijos de nuestro Dios. Estoy agradecido con Makko por escribir esta guía para nuestros hijos y a través de sus consejos y anécdotas poder ayudarles a crecer como Dios nos mostró a nosotros en algún momento de nuestra vida y lo sigue haciendo ahora que somos padres".

SAMUEL RAMIREZ
Maestro y amigo
Canadá

"Maco González es una de las personas que me mentoreó en los inicios del ministerio.
Aprendí de él varias cosas que hoy sigo utilizando en mis labores.
Este libro me recuerda una frase *"debemos decirle a la gente lo que necesita escuchar y no sólo lo que quiere escuchar"*.
Los adolescentes no desean leer estas verdades, pero créanme que sí necesitan leerlas. No desean leerlas porque los compromete, porque los confronta y los empuja a reconocer sus errores.

¡Cuánta falta nos hacen autores que escriban lo que necesitamos saber por sobre lo que queremos saber!
Le recomiendo a los padres pedir a sus hijos leer y escuchar a Makko..."

Lic. William Ochoa
Voz líder y Fundador Banda SINAPSIS

"Cuando tenía 12 años conocí a Makko González en el colegio América Latina, yo ingresaba a primer grado de secundaria y él era Director de Educación Cristiana. Sus prédicas en el culto del colegio siempre tenían algo diferente, sus ejemplos y su forma de enseñar la Biblia eran entendibles y siempre había algo que podía poner en práctica.

Poco a poco, con los años, Makko se convirtió en un consejero para mí y luego en un gran amigo. Hoy que he leído su libro vuelvo a vivir lo que sentía cuando escuchaba sus consejos, esa chispa que hace que quiera estar aún más cerca de Dios y cambiar para que todo a mi alrededor sea mejor.

Este libro contiene varias claves para alcanzar ser un mejor hijo, no sólo para tus padres, sino para Dios. Tanto hijos como padres no deberían perderse la oportunidad de   poder   aprender   a #ComoSerMejoresHijos."

Luisk Coronado
Director de Producción de Yordi Rosado
Televisa México

"Estoy terminado de leer el libro Como ser Mejores Hijos y lo siguiente que quisiera hacer es entregárselos a mis dos hijos adolescentes y a mi hija universitaria. Cómo ser Mejores Hijos contiene perlas de sabiduría expresadas coloquialmente y ofrecidas por un padre que primero fue hijo y que aprendió a honrar a sus padres. Su experiencia de vida y su trabajo con adolescentes le han hecho una autoridad para ingresar en la mente de niños y jóvenes con este tipo de confrontación directa.

Jorge Rivas Maldonado
Amigo, consejero, Pastor y misionero, pero sobre todo apasionado educador y padre de 3 hermosos hijos ahora adolescentes quienes no sólo le han enseñado a ser un Mejor padre, sino también a aprender a enseñarles a #ComoSerMejoresHijos."

"Cuando escuché la idea de un libro para los hijos, me pareció algo muy bueno aunque raro, porque este tipo de libros casi no se escriben. Conozco a Makko desde hace mucho tiempo y conozco su pasión por el servicio y por influir en las nuevas generaciones; con un lenguaje sencillo, directo e ilustrado (como es Makko mismo), *#ComoSerMejoresHijos* es un gran material para aquellos chavos que, aunque no anden buscando, necesitan un enfoque para direccionar su camino y su quehacer diario con el fin de mejorar su vida presente y también la futura.

He tenido el privilegio de trabajar con adolescentes y jóvenes por varios años y estoy seguro de la necesidad que tienen de encontrar modelos a quien puedan seguir. Desde una perspectiva de ejemplo, Makko expone soluciones a circunstancias a veces complicadas para estos chavos, pero que con una buena guía de consejo pueden cambiar y transformar su vida, su familia, su sociedad y su generación. Este libro es una gran herramienta para tomar en cuenta".

Eddy López
Coordinador General del Departamento de Educación Cristiana del Instituto Evangélico América Latina y
Baterista y Fundador de la Banda SINAPSIS

INDICE

Prologo

Cómo ser Mejores Hijos

Transcurría un ciclo escolar en la gran ciudad capital de Guatemala, ubicada en la zona 13 de la ciudad, muy cerca del aeropuerto internacional, una escuela cristiana cuyo renombre trasciende las fronteras del país dándose a conocer como una escuela que confronta a sus estudiantes con Dios, su Verdad y encausándolos en el Camino. Dentro de un salón de clases que en aquél entonces se le denominaba "Salón Laboratorio" por ser uno de los salones que en un momento en esta escuela era utilizado como Laboratorio de Ciencias, se encontraba un inquieto estudiante con grandes ideas, sueños y anhelos de quien era muy fácil esperar sería alguien que influenciaría e impactaría a su generación y a las generaciones venideras. Y aunque no le llevaba muchos años, ya era uno de sus maestros y me sentía con gran responsabilidad de contribuir a la misión de esta escuela cristiana en la vida de Makko, el autor de este libro que tiene hoy en sus manos.

Quien ha escuchado hablar a Makko, dirigiéndose a un grupo de adolescentes, sabe que les habla desde el corazón. Arroja palabras cual ametralladora cargada de sabiduría y grandes deseos de ser instrumento de transformación para quienes lo escuchan. Al escribir este libro no ha limitado su estilo y en lo personal me pareciera estarlo escuchando recitar palabra tras palabra confrontando, aconsejando y hablando desde lo profundo de su corazón.

Si se quisiera observar este manual desde su aspecto literario propiamente dicho, se encontraría con una obra que hace uso del juego de Cervantes y conjuga palabras con la mentalidad de un hijo que recién ha salido del hogar y ha querido registrar sus memorias, para sin egoísmo compartirlas con aquellos que están justo detrás suyo y que les es necesario aprender. Me pareciera estarle viendo frente a un espejo y hablarse así mismo como si pudiera retroceder el tiempo y honrar la vida de sus padres aprendiendo a #ComoSerMejoresHijos. Fácil es más aún imaginarlo hablarle de la misma forma y con la misma tonalidad a sus dos joyas que tiene de hijos, sin inmutarse un solo instante sabiendo que detrás de su consejo, anécdota u oración, receta claves para un hijo exitoso.

Este libro, dirigido a adolescentes y jóvenes hace de su lectura muy recomendable incluso para los padres de estos. De hecho, creo que un máximo provecho de este material podría ser extraído si lo leyeran juntos padres e hijos y conversar alrededor de esas crisis presentadas, de esos pensamientos vertidos y de las experiencias de vida planteadas por Makko, considerando que un hijo o hija adolescente podría estar teniendo esos mismos pensamientos, ideas o experiencias, y que aún no se atreven a hablarlo abiertamente con sus progenitores.

La manera coloquial de sus palabras y la forma pintoresca de dirigirse al público adolescente y joven, sitúan al autor de este libro en una posición privilegiada para ser leído. Si bien no habla en absoluto de religión pero si de relación con Dios, la selección de contenido bíblico ha sido tan exquisito que se complementa con las ilustraciones utilizadas como base en cada capítulo, sea por una experiencia personal o por una aplicación práctica a una escena o película completa.

Finalmente puedo asegurar que aún hasta la persona menos asidua a la lectura encontrará que leer este material es caer inmerso en una aventura fascinante, intrigante y retadora. Su lectura será fácil y despertará deseos de continuar leyendo hasta finalizar el libro completo.

Aún cuando las secciones o capítulos no sugiere explícitamente un momento de reflexión y toma de decisión, si lo hace tácitamente. Si bien como padres no hemos encontrado un manual de Cómo ser mejores padres, tenemos aquí un manual práctico, con consejos contemporáneos salpicados de la Santa Escritura para aprender a #ComoSerMejoresHijos.

Jorge Rivas Maldonado.

Agradecimientos

✓ A El Creador de todo lo que nos rodea y de todos los que tenemos vida, o como dice Mack en Cars, "Gracias al fabricante" , porque fue El quien puso el deseo en mi corazón de iniciar esta nueva aventura que me motiva y reta al mismo tiempo para seguir avanzando hacia lo que El tiene delante de mí y que seguiré descubriendo paso a paso. El es el que pone en todos nosotros esa creatividad para hacer todo, incluso lo que no nos imaginamos. Como dice la Biblia: Para aquellos que lo aman, Dios ha preparado cosas que nadie jamás pudo ver, ni escuchar, ni imaginar.
1 Corintios 2:9 TLA
¡No tenemos idea hasta donde nos puede llevar nuestro Creador!

✓ A mi amada familia, Ale que además de ser el amor de mi vida es mi editora en jefe, gracias por el tiempo para ayudarme a revisar cada capítulo, te amo; a "El Papalino Atómico" mi Juanpa, que aunque te está ganando la adolescencia sos un gran hijo y sé que Dios sigue formando un siervo de Dios en tu vida, espero poder ser un buen instrumento en manos de Dios para que llegués a ser un gran líder; a mi "Luciérnaga" mi Lucy que con esa luz que tienes en tu corazón nos amas a todos los que te rodeamos sin condición, gracias por orar por mí siempre y por pedirle a Dios que me cuide y que tenga sueños bonitos, eres una guerrera de oración. Mis tres tesoros los amo y espero que perdonen mis errores y me sigan ayudando a ser un Mejor Hijo y un Mejor Padre.

- ✓ A mi mamá, gracias por cada dicho popular que me recitabas y que, aunque no lo entendía en ese momento, me han servido toda la vida; gracias por el cincho porque fue un instrumento de formación, creo que si leíste en Proverbios 23:13 que dice "A los niños hay que corregirlos, unos buenos golpes no lo matarán", gracias por imprimirme el conocimiento en la mente con tu mano, porque cada una de esas cosas han formado el hombre que ahora soy. Te amo.

- ✓ A Súper Chicho Cuellar y Laurita Ramírez Hunter que es la parte que le da gracia a la vida de Chicho; patojos muchas gracias por el diseño, la diagramación y las caricaturas, esto se ve hermoso por ustedes, y gracias por dejar que Dios use el talento que les ha dado para bendecir a otros.

✓ A Luisk Coronado gracias por darme el espacio en tu página para colocar el libro para que puedan descargarlo, para delante con todo que Dios tiene grandes planes para vos. Gracias Mijo.

✓ A Karlita de Chavarría gracias por tu ayuda y participación en este proyecto, por los consejos y sugerencias para que este material pueda ser de bendición y llegar claro y directo a todo aquel que lo necesite en el momento oportuno, tu amor por las nuevas generaciones nos une.

INTRODUCCION

Un martes por la mañana, sentado en el desayunador de mi casa, finalmente tomo la computadora y por fin empiezo a escribir, no sin dejar de pensar en la gran responsabilidad que esto conlleva, para compartir con ustedes queridos lectores algunas de las experiencia que como hijo he tenido durante los últimos casi 40 años. No me atrevo a escribir consejos porque considere que sea un súper hijo, sino porque me he dado cuenta que ser un buen hijo no es tarea fácil. Es algo que todos los días nos reta a dar lo mejor de nosotros, aun en esos momentos en los que quisiéramos tener otra familia.

Cómo ser mejores hijos, es una frase que además de escribirse como el inicio de un párrafo para dar una serie de consejos e instrucciones para lograr esta meta, puede escribirse en forma de pregunta ¿Cómo ser mejores hijos? De igual manera nos deja la puerta abierta para poder dar un sinnúmero de respuestas que van a ir sumando para nuestro crecimiento y aprendizaje. Yo puedo dar mis respuestas en estas páginas, pero ustedes también puede agregar otras respuestas y compartirlas para que todos podamos llegar a ser mejores hijos.

Ser Mejores Hijos es un proceso que durará toda la vida. Siempre que tengamos alguna persona a quien entregar cuentas y responder por nuestras decisiones en la vida. Nota que no dije siempre que tengamos PADRES, porque algunos de nosotros probablemente no tuvimos la bendición y la oportunidad de tenerles o sólo tuvimos a uno de los dos, pero siempre tuvimos la bendición de contar con personas en nuestra vida que llenaron ese lugar y lo supieron hacer, tal vez, mejor que nuestros verdaderos padres. Así que si la vida nos puso en este camino, donde muchos gozaron de tener a ambos padres, otros tuvieron a uno de los dos, o en el que quizá la experiencia personal de alguno de ustedes es que fueron sus abuelitos, sus tíos o alguien más el que les vio y les amó y decidió que fueran su hijo, tenemos igual responsabilidad y obligación de ser mejores hijos cada día.

En mi caminar como hijo me pude dar cuenta que en la mayoría de los pleitos en casa, o las molestias con mis hermanos, el factor común del problema era una persona, y esa personas era yo. Entonces, decidí comenzar a hacer los ajustes necesarios para que eso cambiara, y no sólo para demostrar que yo tenía la razón o que yo si podía ser el cambio. Fue porque me di cuenta que cada una de las cosas que hacemos en esta vida tiene consecuencias y yo no quería tener consecuencias negativas en mi futuro y mucho menos con mi familia del futuro.

Todo lo que sembramos lo cosecharemos tarde o temprano, por eso decidí cambiar mi mal comportamiento y mis respuestas airadas por buen comportamiento y la difícil tarea de escuchar. Creo que cuando somos adolescentes tenemos un chip o un circuito que se activa inmediatamente cuando alguien discute con nosotros, en especial si son nuestros padres o alguno de nuestros hermanos. Cuando sucede, nos transformamos en un monstruo peludo y rabioso que sólo sabe gruñir y salpicar saliva, no pensamos y sólo abrimos la boca porque la boca tiene esa función. Muchas veces este efecto es porque sencillamente estamos TRISTESMOLESTOS y no sabemos como manejarlo. Yo descubrí que esa bestia interna siempre está allí y que era mi tarea controlarla. Pero, yo solo no podía hacerlo, así que tuve que recurrir a un poder más grande que yo y no fue ninguno de los *Avengers* el que me ayudó, sino aquel que les dio una lección a todos esos súper héroes de cómo salvar al mundo, sí, ese mismo, Jesucristo. Sólo fue en mi caminar diario con El, que pude dejar de ser un monstruo y convertirme en la puntada que necesitaba mi familia para dejar de ser una familia rota.

La aventura de ser un buen hijo no fue fácil, de hecho podría decir que sigue siendo algo en lo que debo seguir trabajando. Aun cuando ya estoy casado y tengo dos hermosos hijos, esa aventura no termina durante toda nuestra vida. Nosotros somos los que escribimos nuestro futuro, así que te aconsejo que como yo lo hice, tomes un papel en blanco y todos los colores de la paleta para pintar, e inicies a dibujar esa obra de arte que es tu vida. Nadie más es responsable del resultado final de esa obra de arte llamada vida, tú eres el autor de ese futuro.

Y como dijo Dori en "Buscando a Nemo": "si la vida te da problemas ¿qué haremos? nadaremos, nadaremos, nadaremos hay que nadar, nadar, nadar". Puede ser que nos toque nadar río arriba, porque tal vez no tuvimos a nuestros padres con nosotros, o quizá se separaron y vivimos con uno de los dos, o probablemente son los abuelos o tal vez nuestros tíos los que nos están criando como hijos. No se te olvide hacer lo que dijo Dori hay que nadar, nadar, nadar. Eso sólo quiere decir que tú debes tomar la decisión de que las cosas sean diferentes y poder ver hacia atrás de tu vida y darte cuenta como todo lo que has vivido se une punto por punto para hacer de ti la persona que eres ahora y la que puedes llegar a ser en el futuro si sólo decides ser un catalizador del cambio y no quedarte a esperar que otros cambien antes.

Tú tienes un propósito por el cual estás en este mundo ¡¡¡Busca ese propósito para tu vida!!! Puede ser que llegues a ser el mejor jugador del mundo, que seas un extraordinario pintor, que seas un cantante muy reconocido, puede ser que llegues a ser presidente de tu país, tal vez te conviertas en un pastor evangélico, o un misionero, puedes llegar a ser todo lo que has soñado si tan sólo amas a Dios con todo tu corazón. "Pero así está escrito: Ningún ojo ha visto, ningún oído ha escuchado y nadie ha imaginado lo que Dios tiene preparado para aquellos que lo aman." **1Corintios 2:9 PDT**

"Tu historia podrá no tener un principio muy feliz, pero eso no te convierte en quien eres, sino el resto de tu historia, quien TU decidas SER." Kung Fu Panda.

Yo decido qué quiero ser, Yo decido cómo deseo que sea mi futuro, Yo voy a cosechar lo que siembre hoy, por esta razón debo ser un buen hijo, por esa razón tú debes ser un buen hijo. Es muy probable que antes del fin del mundo, antes que venga Jesús, o antes que un meteorito caiga en la tierra y dejemos de existir. No importa en lo que creas, antes de eso, es muy probable que te conviertas en un Padre o una Madre y todo, TODO lo que hagas ahora lo vas a cosechar con tus hijos. ¿Es aterrador verdad? Por eso recordemos lo que nos dijo el Sabio Po: "Es el resto de tu historia lo que importa, quien TU decidas SER", así que

¿Quién eres Tú? ¿Qué estás haciendo con tu vida como hijo? La mejor respuesta que he escuchado la comparto: "Debes aprender a vivir con el resultado de tus decisiones" Beatriz de Zapata.

Demos inicio entonces a este reto de responder la pregunta ¿Cómo ser mejores hijos?

CAPITULO 1
VAMOS A PORTARNOS MAL!!!!!

Esta es una invitación que todo patojo (así le decimos a los niños o a los más jóvenes en Guatemala) desea escuchar y que en todo momento está dispuesto a realizar: "Vamos a portarnos mal". Cómo no recordar mi infancia con los amigos de la cuadra, o los momentos de juego con mis hermanos en la casa donde regularmente la diversión terminaba en algo que ameritaba castigo, o mejor dicho una buena cinchaceada de parte de nuestra querida madre. Claro, esto porque ella siempre nos decía: "Bien portados que nada les cuesta, sino ya saben que les cae." Además ella misma nos decía: "Sobre aviso no hay engaño". El mal comportamiento siempre tiene una consecuencia, eso lo aprendí sin necesidad de ir a la iglesia y escuchar un sermón, sin necesidad de ir a consulta con un psicólogo, sin necesidad que mis maestros me lo dijeran, sin necesidad que el pastor o el cura de la iglesia llegaran a pedirle a Dios por mi vida porque no entendía. Lo aprendí porque mi mamá nos lo enseñó muy bien, y por si no entendíamos hablando sobre el tema, se aseguró de imprimirnos el conocimiento a base de un poco de fuerza.

Decidí escribir este libro cuando escuche la canción de Calle 13 "Vamo' A Portarnos Mal", aquí se comprueba que cuando Dios quiere hablar puede "usar las tonterías de este mundo para avergonzar a los sabios," 1 Corintios 1:27 Traducción Lenguaje Actual (TLA) lo vil y lo menos preciado de este mundo dice en otra versión. Así como siempre molesto a mi amigo Sergio Perla que hasta a él Dios lo utiliza, así lo hizo en esta oportunidad con Calle 13. Primero me identifiqué con la canción al recordar mi infancia y esos momentos de "diversión", que como les dije, terminaban en castigo o "tunda". Luego recordé cuando trabajé como maestro en el colegio donde realicé mis estudios de nivel medio (preparatoria en México, High School en Estados Unidos) y pasaron por mi mente las imágenes de todos esos patojos que estudian allí y que han estudiado allí. Pensé: que nadie nos prepara para la vida como hijos, o como padres, no hay clases de cómo ser mejores padres, o cómo ser mejores hijos. Claro hay consejos y enseñanzas de alguna manera, pero nada dedicado especialmente a esas etapas que son tan importantes en nuestra vida y en donde pasaremos el resto de ella.

Y por si no ha escuchado la canción de Calle 13 le voy a colocar aquí algunas de las frases que me llamaron la atención para hacer este libro: "Vamos a portarnos mal, a cometer delitos; ser indisciplinados por un día; no comprenden nuestro comportamiento; la autoridad no puede con nosotros; nos gusta el desorden, rompemos con las reglas, somos indisciplinados, TODOS los MALCRIADOS"; y con un ritmo pegajoso, pues la verdad, si dan ganas de portarse mal.

Hace unos años mientras esperábamos la cena, un grupo de adolescentes decidieron divertirse con la cera de las candelas que estaban en la mesa y entonces escuche al líder de ese grupo decirles: "Jóvenes, recuerden: La diversión tiene un límite". Inmediatamente los jóvenes se calmaron y al terminar la cena fueron a disculparse con los que éramos los encargados del grupo en el lugar donde estábamos trabajando. No olvido esa frase y como buen padre de familia (bueno al menos eso creo, aunque le podemos preguntar a mis hijos su opinión) constantemente les recuerdo esta frase a mis hijos y me permití tomarla para mi uso personal, porque es totalmente cierto, cuando pasamos ese límite ya no es más diversión. Primero para el que nos ve de fuera deja de ser divertido y podemos ofenderle y hasta lastimarlo, segundo para nosotros que nos estamos "divirtiendo" cuando nos castigan ¿Qué crees? ¡¡¡Exacto!!! La diversión se terminó.

Filipenses 4:8 Palabra de Dios para Todos (PDT) dice: En fin, hermanos, piensen en todo lo que es verdadero, noble, correcto, puro, hermoso y admirable. También piensen en lo que tiene alguna virtud, en lo que es digno de reconocimiento. Mantengan su mente ocupada en eso.

Pensemos por un momento, regularmente no le decimos eso a los patojos y por eso es que no aprendemos a pensar, de las frases que les compartí de la canción de Calle 13 ¿Cuántas de esas frases pueden entrar en la lista de calificativos que da

Filipenses 4:8? ¿Deberíamos de mantener nuestra mente ocupada en esas cosas que nos propone la canción? Si decido realizar esas acciones ¿Voy a marcar una diferencia positiva para el cambio en mi casa, mi colonia, mi ciudad, mi país? ¿No me voy a arrepentir más adelante de actuar como un malcriado?

Si queremos iniciar a ser Mejores Hijos es necesario que evaluemos bien nuestras respuestas a la lista anterior de preguntas, no podemos dejar toda la responsabilidad sólo sobre nuestros padres, las consecuencias de tus actos no sólo van a afectar a tus papás, también te van a afectar a ti y a tu futura familia. Además, no sólo se queda allí, también afectará el futuro de tu país. No se te olvide que la base de la sociedad es la familia; así que de ahora en adelante cuando decidamos portarnos mal recordemos que estamos afectando nuestro futuro.

Mira lo que escribió el Rey Salomón como consejo en Eclesiastés 11:8-10 PDT

"Hay que disfrutar cada día mientras estamos vivos, sin importar cuanto va a durar nuestra existencia, pero hay que tener en cuenta que algún día moriremos y estaremos así por más tiempo del que estuvimos vivos y, *una vez muertos, ya no podremos hacer nada.* Jóvenes: disfruten de su juventud, sean felices, sigan los impulsos de su corazón y gocen de la vida. Pero siempre tengan presente que Dios los juzgará por TODO lo que hagan. No se dejen dominar del mal genio ni permitan que los deseos de su cuerpo los hagan pecar. Los peores errores los comete uno cuando está joven."

Estas palabras de Salomón, se parecen mucho a las frases de la canción de Calle 13 si los comparas: disfruta de tu juventud, se feliz, seguí los impulsos de tu corazón, vamos a portarnos mal, somos indisciplinados, nos gusta el desorden etc., etc., la diferencia entre los dos pensamientos es que Salomón sí nos dice y advierte qué va a pasar al final, sobre todo eso vamos a ser juzgados y una vez muertos ya no podremos hacer nada.

Ahora que estas vivo toma las mejores decisiones, disfruta, diviértete, pero no olvides que todo lo que hagas tiene su consecuencia y no te afecta sólo a vos o sólo a tus papás, afecta tu futuro, tu futura familia y a tu país.

Algo en lo que sí tiene razón la canción del grupo Calle 13 es que somos diferentes, no somos nada de lo que se espera, no somos clones ni somos imitaciones; somos una obra maestra de Dios, cuando nos hizo quebró el molde y no espera que seamos igual a otras personas, nos ama como somos y quiere usar nuestra vida tal y como somos para demostrar que cuando los patojos decidimos hacer las cosas bien nuestro futuro puede ser diferente. De tal forma que podemos ser Mejores Hijos y podemos llegar a ser Papás de Mejores Hijos, no nos olvidemos que "Uno cosecha lo que siembra" Gálatas 6:7 PDT. Si al final decidís portarte mal eso cosecharás con tus hijos, si decidís portarte bien y ser diferente eso cosecharás con tus hijos.

"No debemos cansarnos de hacer el bien. Si no nos rendimos, tendremos una buena cosecha en el momento apropiado" Gálatas 6:9 PDT.

La decisión está en tus manos, "La diversión tiene un límite", ¿Qué vas a hacer? ¿Qué es lo que quieres para tu futuro? ¿Vas a seguir portándote mal para que te sigan castigando y no vas a aprender?

Creo que somos suficientemente inteligentes para saber lo que es bueno y lo que es mejor para nuestro futuro, aún cuando seas un lector que no cree en esas cosas de Dios, lee otra vez las referencias de la Biblia sin su cita bíblica y verás que como un ciudadano común también vale la pena pensar si es bueno eso de portarnos mal siempre o si es mejor tomar el reto de Ser Mejores Hijos para que en tu futuro también vos tengas Mejores Hijos. ¿Qué decides hacer?

CAPITULO 2
TIPOLINA TUCHI

Me gusta mucho ver películas, siempre trato de tomar una lección de cada película que veo. Claro no siempre puedo hacerlo, porque algunas por más que quiera, la verdad, no dejan nada bueno que aprender.

Hace unos pocos días volví a ver una película muy bonita con mi familia. Se trata de una película en donde uno de los dos personajes principales es una pre-adolescente que tiene sentimientos encontrados y eso la hace estar a la defensiva y por momentos actuar de una manera que no es correcta según su amigo quien es el otro personaje principal. Este amigo es un extraterrestre de una raza que se hacen llamar "Boovs". Durante la película los dos personajes tienen un momento de aprendizaje, cada uno según lo que necesitaba, la patoja (recuerda que patojo o patoja le decimos a los más jóvenes en Guatemala, no es una mala palabra) se da cuenta que está actuando de una forma que no es correcta cuando el extraterrestre le dice que está TRISTEMOLESTA. En esa misma escena ella entiende por qué los Boovs toman las cosas de otros sin que les importe nadie más. Esto es porque los Boovs no tienen familia que les diga cómo hacer las cosas de una manera correcta. ¿Lo ves? No siempre es malo tener padres y hermanos, ellos nos pueden decir cómo hacer las cosas de una mejor manera.

Los dos personajes en la película, tenían que aprender una lección importante: el respeto a los demás. La Biblia lo describe como "amor al prójimo". El prójimo no es más que nuestro semejante, el que está cerca de nosotros, el que está más próximo a nosotros, eso quiere decir que los de tu familia también son tu semejante, tu prójimo. Tipolina Tuchi (la patoja) debía aprender a amar, respetar y entender a Oh (el Boov, el extraterrestre) y de igual manera Oh debía aprender a amar, respetar y entender a Tip (así le decimos sus amigos).

¿Cuántas veces le has respondido de una manera que no es adecuada a tus papás o te has peleado con tus hermanos porque estás TRISTEMOLESTO(A)? ¿Cuántas veces te vez enmedio de problemas o situaciones difíciles en casa porque tal vez nadie te dijo cómo debían ser las cosas? Algo así como sucedía con Oh, nadie le había dicho cómo eran las cosas correctas.

Creo que es un buen momento para que revisemos cómo hemos estado actuando los últimos días, o quizás hasta los últimos meses, ¿Estás TRISTEMOLESTO(A)? ¿Sientes que no te entienden? ¿No has pensado que tal vez tú no has entendido?

"Confíen a Dios todas sus preocupaciones, porque El cuida de ustedes" 1 Pedro 5:7 PDT.

Tip estaba TRISTEMOLESTA porque unos extraterrestres vinieron a cambiar todo lo que para ella ya era normal y todo a lo que estaba acostumbrada, además le quitaron a ¡¡¡Su mamá!!! Ella misma le dice a Oh que no fue fácil encajar, que habían otras patojas que eran muy malas, que adaptarse había sido difícil. ¿Te identificas con algo, o con varias cosas?

Algo que llama mi atención de esta escena de la película es que Tip por un momento habla como si fuera uno de nuestros padres ¡¡Sí!! Suena preocupada por lo que pudo haberle pasado a Oh, le dice que por qué no se pone en sus zapatos por un momento, que intente sentir lo que siente el otro por un momento. ¿Sabes qué? la verdad me parece un buen consejo, tanto para los padres, como para los hijos. Deberíamos intentar ponernos en los zapatos del otro por un momento, es un buen ejercicio que para hacer cada vez que sentimos que estamos TRISTESMOLESTOS, tratar de entender por qué la otra persona reaccionó de una forma que nos molesta o que nos hiere.

Después de unos segundos Tip vuelve a su roll de hija, de niña, y dice: "se supone que una niña no debe estar sola por tanto tiempo", incluso piensa que es descuido infantil, y termina su participación diciendo que nada de lo que le pasa es normal. Tal vez, tu haz pensado lo mismo en algún momento de tu vida, "nada de lo que pasa es normal", pero no todo lo que te pasa es por culpa de alguien más, no siempre es porque no te comprenden, no es porque no te quieran, simple y sencillamente mi querido amigo y amiga estás

TRISTEMOLESTO y no sabes cómo reaccionar. En este momento debes recordar "Ama a tu semejante como te amas a ti mismo" **Mateo 22:39 PDT**, como quieras que te traten, así debes tratar a los demás, y los demás incluye a tus papás y hermanos.

La escena termina con unas palabras muy sabias de parte de Oh, "Los humanos son más complicados de lo que decía el folleto", ¡Qué gran lección! Así como en la película, muchas veces tiene que venir alguien de otro mundo a decirnos algo que ya deberíamos de saber, viene a recordarnos algo que no debería ser nuevo ni extraño para nosotros. Somos diferentes todos, los unos de los otros y esa diferencia hace que sea más complicado el que podamos convivir en ocasiones.

Por otro lado en algún momento podemos reaccionar como Oh, quien no tenía ni la más mínima idea de cómo comportarse y como convivir con los seres humanos, para Oh no habían límites. La falta de límites, como vimos en el capítulo anterior, puede ser perjudicial para nuestra salud y para nuestro futuro. Además Oh tuvo que aprender a no escapar de las cosas, eso es algo en lo que los Boovs son expertos, en salir corriendo, en escapar de las cosas; "Jamás es tarde para salir corriendo" ese es lema de los Boovs, este lema fue una idea que Oh tuvo que cambiar por la idea de ser responsable por sus acciones y buscar la mejor solución al problema. En la película, hasta que los Boovs enfrentaron su mayor temor, vieron la solución que estuvo todo el tiempo justo debajo de sus narices; liderados por Oh regresan a la Tierra para enfrentar a su enemigo, Oh descubre que los Gorg (que son los "malos") no estaban peleando contra los Boovs, lo que ellos querían era la piedra a la que el antiguo líder de los Boovs llamaba "El Silenciador" (creo que muchas de nuestras madres en Latinoamérica tienen una de estas para usar con nosotros); esa piedra contenía la siguiente generación de Gorgs, sin ella esa raza se extinguiría. ¿Quién lo diría verdad? El personaje que todos miramos como el "malo", simplemente estaba igual que Tip:

TRISTEMOLESTO porque su familia estaba por extinguirse si no recuperaba esa piedra.

El líder Gorg sólo quería recuperar a su familia, eso era lo más importante para él, aunque en su afán de recuperar a sus seres queridos destruyó varios planetas. ¿Te das cuenta que como hijos muchas veces reaccionamos o como Tip o como Oh, y en ocasiones como el Gorg? Todo esto es sólo porque no sabemos cómo manejar nuestras emociones, no sabemos controlarlas, y cuando nos damos cuenta ya hemos dicho o hecho algo que no es correcto y ¡¡¡PUM!!! Destruimos el planeta.

A pesar de cómo reaccionemos, recuerda que lo más importante es tu familia. Puede no ser la familia que sale en los programas de televisión, donde todos se llevan bien, todos se preocupan unos por otros, todos comprenden a los demás, hasta buenos estudiantes son los hijos, esas familias que creemos que existen sólo en la televisión, y que nunca vamos a lograr tener en la vida real.

Yo te puedo asegurar que sí puedes llegar a tener una familia soñada, porque ahora que soy padre puedo ver, vivir y disfrutar de una familia así. Pero no sucedió de la noche a la mañana, tuve que darme cuenta que mi familia es lo más importante y por eso decidí iniciar a cambiar mi forma de comportarme con mi mamá y mis hermanos, decidí ya no responderle ni gritarle a mi mamá cuando ella me reclamaba algo, decidí que debía escuchar a mi mamá y analizar si realmente yo estaba equivocado y cambiar las cosas que no estaban bien.

En una ocasión, una de mis tías nos visitaba, mi mamá me reclamó porque llegué tarde y no le avisé que llegaría tan tarde (antes no habían celulares, ni internet, ni WhatsApp, ni mensajitos por cobrar, ni Facebook , ni Twitter, ni Instagram, etc, etc., sé que te estarás preguntando ¿Cómo podíamos vivir así?), la cosa es que mi mamá en su enojo tenía razón de llamarme la atención y por lo tanto yo no dije nada y me quedé escuchando todo lo que ella tenía que decirme. Mi tía después de la escena de enojo y gritos de mi mamá se me acercó y me dijo: "Ojalá que mis hijos fueran como vos, que aunque te estaban gritando y regañando no dijiste nada", a lo cual yo respondí: es que mi mamá tenía la razón tía, yo vine tarde y no le avisé, ella sólo se me quedó viendo y no dijo nada, creo que no esperaba que un adolescente reaccionara de esa manera.

Puede ser que en tu casa te vean extraño o hasta piensen que seguro te estás drogando, porque simplemente tomaste una pequeña decisión y esa decisión fue aprender a controlar tus emociones. Esa reacción va a ser toda la diferencia el resto de tu vida, cuando sientas que estás TRISTEMOLESTO como Tip o que estás perdido y quieres salir huyendo como Oh, recuerda: LA FAMILIA ES LO MAS IMPORTANTE, y las cosas, aún las más difíciles, se pueden solucionar si las enfrentamos y le buscamos una solución.

No sé qué está sucediendo en estos momento en tu vida, en tu familia, pero estoy seguro que todo lo que está pasando está bajo el tiempo y control de Dios, como dice en Eclesiastés 3:11 "Todo sucede a su debido tiempo." PDT y como dijo Tip en la película "tus errores son los que te hacen humano".

Busca consejo con alguien de confianza, pero no con tus amigos, ellos saben lo mismo que tú, están en un proceso de aprendizaje; sí te pueden escuchar y entender, pero no podrán darte un consejo práctico. Por eso, busca una persona con la que puedas platicar y que pueda guiarte a tomar las mejores decisiones, alguien que pueda ayudarte a controlar tus reacciones y emociones, estoy seguro que podrás encontrar a alguien. Yo siempre recuerdo a todos esos angelitos que Dios me mandó a lo largo de mi vida para enseñarme, amarme y animarme a seguir adelante. Por cierto, muchas gracias por su ayuda.

Si estás preocupado por lo que pueda pasar sólo recuerda este versículo "Confíen a Dios todas sus preocupaciones, porque El cuida de ustedes" 1 Pedro 5:7 PDT. El está cerca de ti y nunca te va a dejar. Recuerda que El nos amó primero y no hicimos nada para merecerlo.

Si en algo te puedo servir me puedes contactar en la página de Facebook Como Ser Mejores Hijos y será un gusto poder servirte.

CAPITULO 3

6 2 6

No es una dirección, tampoco es el resultado de una suma u otra operación matemática. Tampoco es un mensaje oculto en números que nos van a dar la solución para conseguir todo el oro del mundo. Tampoco es la edad de uno de tus papás, es el número de un experimento.

El experimento 6 2 6 fue creado para destruir, para atemorizar, para matar, puede levantar más de cien veces el peso de su cuerpo, tiene oídos súper desarrollados, no es de este mundo, en fin podemos decir que es una cosa pequeña pero letal.

Lo que nunca se imaginó el experimento 6 2 6 es que en su afán por escapar de quienes lo perseguían, encontraría propósito para su vida y un destino diferente del que le dijeron que era su destino. 6 2 6 nunca imaginó que en un planeta pequeño, en una isla diminuta, una pequeña niña estaba pidiéndole a Dios "Un Ángel, el más hermoso que tengas", porque necesitaba alguien que la acompañara en el momento difícil que estaba viviendo. 6 2 6 no tenía familia, pero a través de esta pequeña niña, descubrió y entendió el significado de FAMILIA, "Ohana significa familia, y tu familia nunca te abandona ni te olvida." Esta pequeña frase fue el inicio del cambio radical de 6 2 6 a Stitch. El nombre Stitch traducido al español significa "puntada", punto de sutura y como verbo se traduce a coser, suturar. Esto es lo que me llama la atención de esta película, ¡¡¡Que espero ya hayas descubierto cual es!!! el significado del nombre de Stitch, porque Lilo estaba pidiendo un ángel y enfatizó "el más hermoso que tengas", la verdad no creo que Stitch sea de los más hermoso, pero fue el que Lilo necesitaba.

Lilo se refiere a su familia como una familia rota y pequeña, pero que es su familia. Por un accidente Lilo queda sola con su hermana, y como podemos ver en la película, está extrañando a sus padres. Stitch vino a ser la puntada que la familia de Lilo necesitaba, aunque no lo descubre ya hasta casi el final de la película, donde el mismo Stitch dice: "esta es mi familia, la encontré, es pequeña y rota, pero es mi familia."

Muchos de nosotros podemos venir de una familia rota, ya sea porque nuestros padres se separaron, porque uno de los papás simplemente decidió irse y dejarnos, o tal vez, porque al igual que Lilo, algo sucedió y ya no están más con nosotros. No sé cual sea tu situación, pero si sé que puedo compartir contigo cómo dejar de ser un 6 2 6 y convertirte en Stitch.

Durante las páginas de este libro te voy a decir muchas veces lo mismo, "La solución al problema en tu casa y con tu familia no está en alguien más, la solución eres tú, sos vos". Uno de mis versículos favoritos es **Romanos 12:2 TLA** "Y no vivan ya como vive todo el mundo. Al contrario, cambien de manera de ser y de pensar. Así podrán saber qué es lo que Dios quiere, es decir, todo lo que es bueno, agradable y perfecto." ¿Te das cuenta? El que debe iniciar el cambio sos vos, tenés que decidir cambiar de forma de ser y de pensar, o sea dejar de ser 6 2 6 y convertirte en Stitch. No es nada fácil yo lo sé, nuestro nivel de maldad está muy alto para alguien de nuestra tamaño, igual que estaba el de Stitch, pero si decidimos hacer los cambios necesarios, podremos llegar a ser la puntada que nuestra familia necesita. Podemos dejar de ser parte del problema y ser parte de la solución. En otras palabras, podemos ser el catalizador del cambio en nuestra familia actual y en la futura.

¿Qué es un catalizador? Bueno en palabras sencillas es como un motor que mueve un vehículo del lugar donde nos encontramos hacia algún lugar determinado, el diccionario lo define como: "Persona que aviva y da empuje a algo, o que atrae y agrupa fuerzas, ideas o sentimientos". Entonces, si somos un catalizador del cambio, nosotros somos los que debemos actuar, los primeros que debemos buscar un mejor futuro. En química el catalizador es una sustancia que acelera o retarda una reacción química, por lo tanto es tu decisión si el cambio que necesitan en tu familia se va a generar de una forma rápida o si va a ser muy, pero muy lento.

Cuando yo me di cuenta que yo era el 6 2 6 en mi familia tenía 16 años, ya hace vaaaarios años de eso. Me di cuenta que mi mamá no tenía intenciones de cambiar, además como es mamá, está programada para regañar y pegar, muchas veces con justa razón porque no me portaba bien. Me di cuenta que mis hermanos tampoco tenían ganas de cambiar, al menos no durante ese tiempo en nuestra vida. Así que, ya no podía seguir diciendo que mi familia era un problema, que en ella sólo peleas habían, que a cada rato nos maltratábamos, que si estuviera en otra familia tal vez si me comprenderían, necesitaba actuar y necesitaba hacerlo pronto. Por eso decidí que ya no me pondría a discutir con mi mamá, que sería más inteligente que eso y que escucharía primero, para evaluar si realmente el problema no era yo, y si la molestia de mi mamá era por que yo no estaba actuando correctamente, iba a cambiar mi forma de ser. Decidí que ya no me pelearía con mi hermano porque usaba mi ropa y la volvía a poner en mi closet, sucia, para que yo "no me diera cuenta". Busqué la solución y mejor le hablé, le dije: "Mira manito, seguí usando mi ropa, no hay problema, sólo hazme un favor, cuando la uses colócala en la canasta de ropa sucia, para que cuando yo la necesite usar esté limpia".

¿Te das cuenta? Con un simple cambio de actitud las cosas pueden iniciar a ser diferentes, a eso se refiere Romanos 12:2 TLA cuando dice "cambia de forma de SER y de PENSAR". Tenés razón de estar pensando ahora que no es fácil, todo cambio cuesta, pero se inicia con decisión, y la decisión la tenés que tomar vos. ¿Y por qué dije que podemos ser catalizador de nuestra familia actual y la futura? Es porque todo este rollo de ser Mejores Hijos está conectado con nuestro futuro, cada pequeño cambio que decida hacer en el presente afectará mi futuro, cada pequeño cambio que deje de hacer en el presente afectará mi futuro. Como estamos de acuerdo que esto de CAMBIAR no es fácil de hacer, debemos buscar ayuda, y no sólo de alguien con experiencia aquí en la tierra, sino también de Dios. La otra parte de Romanos 12:2 TLA dice: "Así podrán saber qué es lo que Dios quiere, es decir, todo lo que es bueno, agradable y perfecto." Cuando decidimos cambiar de forma de SER y de PENSAR vamos a empezar a entender muchas cosas y además vamos a empezar a ver las cosas que son buenas, agradables y perfectas, eso quiere decir que vamos a poder diferenciar entre lo bueno y lo malo. Pero para poder lograr esto debemos estar en RELACION con Dios y no solo en RELIGION con El.

En el siguiente capítulo se vera esto un poco más a detalle, por ahora es necesario que busquemos activamente a Dios. Pero no sólo los domingos que nos llevan a la fuerza a la iglesia, no sólo en las reuniones de jóvenes que a veces son buenas y a veces son aburridas, no sólo cuando nuestros papás insisten en que hagamos devocional en la casa, sino que debe ser una decisión consciente de nuestra parte. Se trata de: Aprender más sobre Dios y sobre cómo debo actuar yo para que mi futuro sea diferente. Por ahora, te aconsejo que inicies un tiempo de lectura de la Biblia todos los días, yo sé que puede ser aburrido porque no tiene dibujitos y las letras son muy pequeñas, pero hay muchos consejos allí, que te guiarán a dejar de ser 6 2 6 y te conviertas en el Stitch que tu familia necesita. Empieza con algo fácil, cuando yo era estudiante en el Instituto Evangélico América Latina (IEAL), la fundadora del coelgio, Doña Beatriz nos dijo: "¡¡¡Hijos!!! Para que aprendan buenos consejos deben leer el libro de Proverbios y la manera más fácil de hacerlo es leyendo un capítulo cada día del mes, yo sé que ustedes son inteligentes, así que van a entender rápido como hacerlo, cada mes tiene 30 ó 31 días, así que hoy que llegues a tu casa lees el primero según qué fecha sea. Por ejemplo si hoy es 22 de enero toca leer Proverbios capítulo 22 y así hasta terminar el mes, cuando el mes tenga 30 días ese día lees el 30 y el 31, y el siguiente mes vuelves a comenzar, háganlo y se van a recordar de mí toda su vida"… Sabes es uno de los mejores consejos que he recibido en toda mi vida ¡¡¡Y vaya que funciona!!!

¿Cómo Ser Mejores Hijos? Siendo catalizadores del cambio. Espero que esto pueda ayudarte a iniciar un proceso de cambio en tu familia y recuerda, que no sólo cambias tu familia actual sino que también la que será tu familia en el futuro. Animo, si 6 2 6 pudo convertirse en Stitch y mostrar un cambio radical, también tú lo podrás lograr, sigue adelante y verás que todo puede ser diferente.

CAPITULO 4

VIENDO LAS ESTRELLAS

Cuando estudiaba en el colegio escuché en una prédica que decían: "Si no le has pedido a Dios por tus hijos ya dejaste pasar tiempo valioso" la verdad me preocupé. Tenía 16 años en ese entonces y la idea de que había perdido tiempo toda mi vida sin pedir por mis hijos me afectó bastante, así que, ese día decidí que no iba a dejar pasar más tiempo sin hacer mi trabajo de pedir por mis hijos.

Ni siquiera tenía novia en ese momento, pero la idea de pedirle a Dios por mis hijos me hizo moverme a hacer algo que regularmente no hacía: ORAR. Esto de orar, no es más que hablar con Dios, así como hablas con un amigo o amiga (bueno ahora tal vez es más difícil esa idea porque *Whatsappean* más de lo que hablan); así debe ser tu tiempo de hablar con Dios. Es como estar con un amigo y contarle qué te preocupa y qué sueños tienes para tu futuro, o como los más consagrados y líderes de iglesia le llaman: ORAR.

La Biblia no especifica una posición en la que debemos orar, habla de que estamos en la presencia de Dios, dice que algunos estaban postrados o arrodillados cuando hacían sus oraciones, otros levantaban su voz y sus manos al cielo. Daniel abría la ventana de su cuarto para ver hacia donde estaba Jerusalén, en fin, diferentes formas pero la misma acción: ORAR.

Pero algo que sí nos dice la Biblia en **1 Tesalonicenses 5:17 PDT** es "Nunca dejen de orar". Esto es algo a lo que sí le debes poner atención, nunca dejar de orar. Jesús nos dio el modelo de una oración, en el Evangelio de Mateo, capítulo 6, nos dice que la oración es Relación con Dios, es Comunión y debe hacerse reconociendo que Dios es Santo, pidiéndole que haga su voluntad en nuestras vidas, pidiendo por nuestra provisión diaria, pidiendo perdón por nuestros pecados y pidiendo que nos libre de tentaciones. Siempre que vamos a orar en público, la persona que nos dirige en ese momento dice "cerremos nuestros ojos", y todos iniciamos a orar. Ahora, si la Biblia dice que "Nunca dejemos de orar" ¿Cómo hacemos para no dejar de hacer todas nuestras actividades todos los días? Porque yo sé que puedes estar pensando que eso de orar esta re bien porque como tengo que hacerlo TODO el tiempo, ya no voy a tener que ir al colegio, ni hacer tareas, ni ayudar en la casa etc., etc., etc., como dicen que debemos cerrar los ojos ya no vamos a ver nada.

Por eso te dije anteriormente que orar es **relación** y **comunión** con Dios. Si vemos la oración de esta manera podremos ver cómo se cumple el versículo que dice "Nunca dejen de orar". Yo decidí que todos los días iba a tener un momento a solas con Dios para pedirle por mis hijos, recuerda solo tenía 16 años, así que sin tanto preámbulo ese mismo día encontré una silla vieja en el patio de atrás de mi casa y allí empecé a ver las estrellas.

Recosté la silla en la pared por si acaso se quebraba, porque ya estaba vieja, y viendo las estrellas comencé a hablar. Al principio no sabía muy bien cómo hacerlo ni por qué pedir exactamente, pensé: "Si viene mi mamá y me oye pidiendo por mis hijos va a pensar que ya embaracé a una patoja y sin preguntar me va a somatar". Pero con el paso del tiempo y conforme los días avanzaban sentía más confianza de hablar con Dios y pedirle lo que soñaba de mis hijos, de mi futura familia, de mi futura esposa. Y así, fue tan natural empezar a pedir por mi futura familia. También inicié a pedir por mi familia en ese momento, por mi mamá, por mis hermanos, porque Dios nos guiara y nos ayudara en el proceso de la separación de nuestros padres. Oraba a Dios que me ayudara a ser un mejor hijo, que me ayudara a ser un buen hermano, que pudiera ser un buen ejemplo, a pedirle que usara mi vida para bendecir e impactar a otros. Le pedí a Dios que no faltara nunca nada en la casa, que mi mamá tuviera trabajo, y bueno, la lista puede continuar y estoy seguro que tu también te has dado cuenta de todo lo que puedes pedirle a Dios en oración.

Pero ahora, quiero que nos enfoquemos en tus hijos; sí, yo sé que puedes tener tal vez 12 años nada más ahora, pero créeme, puede llegar el día en que serás padre o madre y debes estar preparado. "La oración de quien está bien con Dios es poderosa y efectiva" es lo que dice en la última parte de **Santiago 5:16 PDT** la oración puede cambiar las cosas, pero yo debo cambiar también para que mi oración sea efectiva. Cuando inicié a orar en el patio de atrás de mi casa nunca pensé que esa actividad iba a producir un cambio en mi vida, recuerda yo estaba pidiendo por mis hijos, pero poco a poco esa relación con Dios bajo esas hermosas estrellas comenzó a realizar un cambio en mí. Me di cuenta que muchas veces no actuaba bien como hijo, que no estaba siendo parte del cambio y que si quería que mi futuro fuera distinto también debía hacer algo por mi presente.

Y esto es lo que quiero motivar en tu vida hoy, que ya no pierdas más el tiempo sin pedir por tus hijos, por tu familia del futuro, por tu esposa o esposo, que te preocupes por mejorar tu presente para que también se mejore tu futuro. Toma un momento del día donde puedas estar a solas con Dios, deja por un momento la televisión, los videojuegos, el celular, el chat, el Facebook, Twitter, Instagram, Snapchat o cualquiera que sea la App del momento y te dediques a pedir por lo más valioso que puedes llegar a tener TU

FAMILIA. Cuando comiences a tener esos momentos de Relación con Dios, poco a poco vas a ver como las cosas cambian, primero tú vas a cambiar y luego verás que Dios concede cada oración y cada petición que pongas delante de El, y aún cuando las cosas no sean como tu habías pedido vas a poder comprender la voluntad de Dios en tu vida.

"Por eso hay que tener mucho cuidado con la forma de vivir. No vivan como la gente necia, sino con sabiduría. Esto quiere decir que deben aprovechar toda oportunidad para hacer el bien, porque estamos en una época llena de maldad. No sean tontos, mejor traten de entender cuál es la voluntad del Señor." **Efesios 5:15-17 PDT**

En mi familia estábamos pasando por momentos difíciles, nuestros padres estaban en medio de una separación y era triste ver las cosas de esa manera. Como dijo Lilo: "éramos una familia rota". Pero mi petición a Dios viendo las estrellas en ese patio con mi silla vieja, esa petición de una mejor familia en el futuro comenzó a hacerse realidad en la que era mi familia en ese momento, la relación con mis hermanos y mi mamá comenzó a cambiar, ya no habían peleas, y aún cuando mis padres no pudieron arreglar sus diferencia y terminaron separándose, teníamos paz.

No sé cuál sea tu situación actualmente, no sé si hasta hoy nunca has pedido por tus hijos, pero te reto a que pruebes que la oración cambia las cosas, te reto a que comiences a cambiar, te reto a que pruebes a Dios. Mientras más crezca tu relación con Dios más cambios vas a empezar a ver. "La seguridad que tenemos al estar UNIDOS a Dios es esta: Dios escucha nuestras oraciones cuando le pedimos conforme a su voluntad. Puesto que sabemos que Dios nos oye, tengamos la certeza de que El nos dará cualquier cosa que le pidamos." **1 Juan 5:14-15 PDT**

Lo importante es que tengas ese momento a solas con Dios, una relación, que cada día busques la manera de hablar con El y al estar UNIDO a Dios verás como El te dará cualquier cosa que le pidas; así que no esperes más, deja el libro por un momento y ve a buscar a tu amigo Dios, El te va a mostrar cómo las cosas pueden ser diferentes cerca de El.

CAPITULO 5
EL INGREDIENTE SECRETO DE MI SOPA DE INGREDIENTE SECRETO

El temible Guerrero Dragón y yo nos parecemos mucho, no precisamente por mis habilidades como Ninja, pero sí en varias cosas, no sólo en lo panzón y que predomina en nuestro cuerpo el color negro, sino que también en la forma en que nos dimos cuenta de que somos especiales y diferentes.

Antes de convertirse en el Guerrero Dragón era simplemente Po, un panda con sueños de ser un guerrero del Kung Fu, que admiraba a más no poder a los 5 furiosos, sabía todo lo que alguien podía saber sobre técnicas y tácticas del Kung Fu, sabía la historia del Kung Fu, pero nunca había entrenado para llegar a ser lo que soñaba.

Ahora que lo pienso, mi hijo Juanpa también se parece a Po, si necesitan saber algo de alguna película, cuándo se estrena, quiénes son los actores principales, cuál es el tema musical de la película y quién lo canta, o si desean un resumen con comentario de una película búsquenlo a él y en cuestión de minutos tendrán todo el detalle que deseen de la película. Eso sí, si no han visto la película no le hablen porque les cuenta el final y de una vez les da una aplicación práctica de lo que aprendió de la película.

Después de que nadie daba ni un centavo por Po, después de un tiempo que incluso quien debía ser su maestro no creía en él, después incluso de haber entrenado y estar listo para recibir el Secreto del Rollo del Dragón. A él, le tomó un poco más de tiempo creer que era capaz de cambiar, que podía ser diferente, que era especial y que sin importar lo que dijeron, sin importar lo que tuvo que pasar en su vida ahora tenía la oportunidad de ser el Guerrero Dragón.

Pero, no fue hasta que su papá le reveló el ingrediente secreto de su sopa de ingrediente secreto que Po se dio cuenta que lo único que necesitaba para cambiar el resto de su vida era a él mismo. ¿Sabes cuál era el ingrediente secreto de la sopa de ingrediente secreto?... ven acércate te lo voy a decir, más cerca, el ingrediente secreto de mi sopa de ingrediente secreto es: "NADA". No hay un ingrediente secreto, "para preparar algo especial sólo debes creer que es especial", esas fueron las palabras del papá de Po. Esto fue lo único que necesitó Po para dar el siguiente paso para ser diferente, creer en sí mismo, creer que es especial.

Bueno después ya sabemos como termina la película, Po ya actúa como el Guerreo Dragón y vence a Tai Lung, no sólo porque entrenó fuerte para ser un Maestro del Kung Fu, sino por la convicción que tenía de que todo lo que necesitaba para ser ese Guerrero estaba en él. Si no has visto la película te invito a que lo hagas, yo siempre lloro cuando la veo.

Pues como te dije al principio, el Guerreo Dragón y yo nos parecemos mucho, por fin me di cuenta de que todo lo que necesitaba para que las cosas cambiaran en mi casa y mi familia era a mí mismo, así que me dije a mí mismo: "MI MISMO YA NO PODEMOS SEGUIR ACTUANDO IGUAL". Como buen hijo, igual que muchos de ustedes posiblemente, en varias ocasiones dije esa frase de "si estuviera en otra familia tal vez sería todo mejor". Muchas veces le pedí a Dios que ayudara a mi mamá a cambiar, le pedí a Dios que cambiara a mis hermanos, y las cosas seguían igual. Fue entonces que encontré este versículo "Y no vivan ya como vive todo el mundo. Al contrario, cambien de manera de ser y de pensar. Así podrán saber que es lo que Dios quiere, es decir, todo lo que es bueno, agradable y perfecto." **Romanos 12:2 TLA**

"El cambio solo empieza si vos cambiás" "Yo quiero cambiar para cambiar lo que no quiero y no quedarme a esperar que empiecen otros" Ricardo Arjona.

Ya no podía seguir haciendo lo mismo que los demás hacen, esperar que otros cambien, dejar la responsabilidad de lo que sucede en mi vida en manos de otras personas, ¡¡¡¡¡Ya no!!!!! Dios me hizo especial, al igual que a todos los seres humanos; todos somos especiales y diferentes, por eso es tan difícil en algunas ocasiones estar de acuerdo en tu familia, es difícil que todos quieran lo mismo, es difícil llegar a un acuerdo. Pero esas diferencias van a hacer que juntos como una familia podamos avanzar, cada uno debe aportar su granito de arena, pero si no ves que los demás en tu familia hagan su parte no te desanimes, tú puedes iniciar a ser ese cambio ¡¡¡Empieza ya!!! Y no estaría de más recomendarle a todos los demás en tu familia que lean el libro #ComoSerMejoresHijos, porque así también podrán revisar que cambios son los que ellos deben hacer.

Así como Po tuvo que ir a prepararse para poder llegar a convertirse en el Guerrero Dragón, yo tuve que empezar a entrenarme para poder Ser un Mejor Hijo, tuve que iniciar a cambiar. Como te compartí en el capítulo anterior todo inició Viendo Las Estrellas, en esa silla vieja en el patio de mi casa fue donde comencé una relación con Dios, que me fue mostrando a través de la lectura de la Biblia y la oración las cosas que no le agradaban de mí y de mi conducta. Fue allí donde El inició a quitar todas esas cosas y arrancarlas de mi vida. Fue allí también que entendí que debía pedir consejo y ayuda a algunos de mis maestros, tanto en el colegio como en mi iglesia, y con la ayuda y consejo de todos ellos, y el poder y amor de Dios, logré empezar a realizar cambios que necesitaba para que las cosas comenzaran a ser diferentes.

"El oro y la plata se purifican con fuego, pero el Señor purifica el corazón de los seres humanos." **Proverbios 17:3 PDT.**

Es en el caminar diario de la mano de Dios que podemos entender #ComoSerMejoresHijos. No es algo fácil para un niño, pre-adolescente, adolescente o joven, incluso para los que ya somos más grandes y tenemos nuestra propia familia. Buscar la relación con Dios es una tarea que debemos hacer cada día de nuestra vida, cada segundo, para poder llegar a ser Mejores Hijos y llegar a tener Mejores Hijos.

Déjame contarte una historia: Un niño pequeño de unos 6 años llega corriendo hasta donde está su papá y le pregunta, papi, ¿Podemos pasar sin pecar un año?, el papá deja lo que estaba leyendo y piensa por unos segundos, mira a su hijo y le dice: "No hijo, un año es mucho tiempo, es algo muy difícil". El niño se va muy triste por la respuesta, pero a los pocos minutos regresa y le pregunta, papi, ¿podemos pasar un mes sin pecar?, el papá esta vez no tarda mucho en responderle y le dice: "No hijo, un mes es mucho tiempo, todavía son 30 días, es algo muy difícil". El niño nuevamente se va triste del lugar, pero vuelve a preguntarle, papi, ¿podemos pasar un día sin pecar?, el papá ya algo desesperado le contesta: "No hijo, un día es mucho tiempo, son 24 horas, es algo muy difícil". Esta vez el niño ni siquiera se va del lugar y vuelve a preguntar, papi, ¿podemos pasar una hora sin pecar?, el papá sumamente irritado ya por tanta pregunta le responde: "No hijo, no vez que son 60 minutos, es mucho tiempo, es algo muy difícil". Pero el niño no se rinde y vuelve a preguntar, papi, ¿podemos pasar un segundo sin pecar?, el papá medita un poco en la pregunta y le responde sonriendo al niño: "¡¡¡Si hijo!!! ¡¡¡Un segundo si podemos pasar sin pecar!!! Es un poco de tiempo nada más", entonces el niño lo ve y sonriendo le dice:

"Ok papi, entonces vivamos nuestras vidas segundo a segundo".

¿Cómo ser mejores hijos? Viviendo nuestra vida segundo a segundo, siendo conscientes que para preparar algo especial sólo debes creer que eres especial, que no necesitas nada más para que las cosas cambien a tu alrededor. Tú eres el que debe cambiar, tú puedes ser diferente y sólo en una Relación con Dios podrás cambiar las cosas que te impiden ser un Buen Hijo. El ingrediente secreto eres TU.

"Ahora que estamos unidos a Cristo, somos nueva creación. Dios ya no tiene en cuenta nuestra antigua manera de vivir, sino que nos ha hecho comenzar una vida nueva."
2 Corintios 5:17-18 TLA

Todos podemos ser Mejores Hijos, sólo debemos decidir serlo.

CAPITULO 6
VOLVER AL FUTURO

"Tu futuro no ha sido escrito todavía, nadie lo ha hecho; tu futuro es el que tú quieras hacer, así que hazte uno bueno" así termina la trilogía de *Back to the Future*, cuando Doc le dice a Marty estas palabras.

Si te das cuenta, tienen mucho sentido las palabras, sólo colócate en el lugar de Marty para escucharlas.

Otra frase dice: "El destino no es la senda que se nos da, sino la senda que uno elige para sí mismo" palabras del filósofo moderno, Megamente. De nuevo vemos que el futuro será como nosotros decidamos que sea.

Y como a mí me gusta todo esto de frases que motivan y retan, te dejo otra por aquí: "Tú Eres el Autor de tu Destino". La frase la escuché en la película *Invictus* que es la historia de Nelson Mandela, pero viene de un poema que escribió William Ernest Henley (1849-1903) en su poema *Invictus*. Lo aclaro para que no digan que yo también puro *copy paste* igual que el candidato del partido político rojo de mi país.

Que chilero (es decir maravilloso, lo máximo, extraordinario, *cool*) sería poder viajar en el tiempo. Con mi esposa hemos dicho que nos gustaría ir a ese tiempo en el que sale en la película de Volver al Futuro, los años '50 o tal vez los '70 para escuchar en vivo a los Bee Gees. Si no sabes quienes son los Bee Gees, Googléalo, porque de ellos tal vez escriba en otro libro.

En fin hay muchas películas, libros e historias sobre viajar en el tiempo y siempre dicen que es peligroso viajar en el tiempo porque cualquier cambio que se haga en el pasado va a alterar drásticamente el futuro que conocemos. Yo sigo pensando que eso sería chilero porque si vamos al pasado y logramos cambiar un par de cosas cuando nuestros padres eran jóvenes, así como lo hizo Marty en la película, sería cierto que el futuro cambiaría drásticamente. Pero, podría ayudarnos a que las cosas sean diferentes y mejor para todos, así como resultó para la familia del protagonista en la película. Además de que pudiéramos ir al pasado sería aún más chilero poder ir al futuro y echar un ojo como va a ser nuestra vida ya de adultos, ¿Con quién nos vamos a casar? ¿Cuántos hijos vamos a tener? ¿Tenemos hijos ejemplares? ¿Seremos millonarios? ¿Cuántas casas vamos a tener? ¿Cómo va a ser la tecnología en 30 años? ¿Qué ropa va a estar de moda? En fin cuántas cosas podríamos ver que nos ayudarían a estar más tranquilos en este momento.

Si vemos nuestro futuro también podríamos darnos cuenta de qué manera nuestras decisiones afectarán ese futuro. Marty quería ser estrella de Rock, pero como no podía manejar su reacción cuando le decían "gallina", cuando ve su futuro se da cuenta que una reacción incorrecta lo lleva a tener un accidente que le lastima su brazo para el resto de su vida y no puede cumplir ese sueño. También viajando al futuro podríamos mejorar el futuro de nuestros hijos, arreglando o modificando las cosas en las que se van a equivocar. ¡¡¡¡Sería la solución a todos nuestros problemas!!!!

Pero por el momento no se puede viajar en el tiempo, bueno al menos no lo han hecho oficial, es clasificado, pero no les extrañe si nuestros amigos del Norte ya lo puedan hacer. Así que en nuestro mundo normal como seres humanos, simples mortales, es imposible viajar en el tiempo.

"El ayer es historia, el mañana es un misterio, pero el hoy es un obsequio, por eso se llama presente" Maestro Oogway.   Tal vez tú y yo hoy estamos preocupados por lo que fue y lo que va a ser, igual que Po en esta parte de la película. Estas palabras son algo muy bueno para recordarte que hay que disfrutar el obsequio, el regalo que tenemos de parte de Dios en estos momentos, NUESTRO PRESENTE. Aprovechemos al máximo nuestro presente para tomar las mejores decisiones, para poder actuar de una manera de la que no nos arrepintamos. Si pudiéramos viajar a ver nuestro futuro, aprovechemos el tiempo para ser mejores hijos; "Aprendí que lo mejor que puede hacer la gente es ser feliz y disfrutar mientras viva, pues Dios quiere que todos coman, beban y disfruten de su trabajo. La Vida es un don de Dios." **Eclesiastés 3:12-13 PDT.**

"Dios pagará a cada uno según lo que haya hecho" **Romanos 2:6.** Así que, no pensemos más en viajar al pasado o al futuro y arreglar los errores y malas decisiones del pasado. Dejemos de soñar con ver como será nuestro futuro para saber si estamos actuando bien en nuestra vida. Para que tengamos el futuro que soñamos, iniciemos valorando y amando nuestro presente y luego hagamos lo que sea necesario ahora para que nuestro futuro sea distinto. Como nos decía doña Beatriz en el colegio: "Debes aprender a vivir con el resultado de tus decisiones" .

#ComoSerMejoresHijos? Fácil, siendo obedientes a nuestros padres, esa es una de nuestras responsabilidades en nuestro papel de hijos. Otra responsabilidad que tenemos es la de respetar a nuestros padres, si hacemos esto tendremos un buen resultado en nuestro futuro, si no lo hacemos, igualmente tendremos un resultado diferente en nuestro futuro, pero aquí el orden de los factores SI altera el producto, tú decides.

La Biblia dice en **Efesios 6:1-3 PDT** "Hijos, obedezcan a sus padres como lo manda el Señor, porque es justo. Respeta a tu papá y a tu mamá, ese es el primer mandamiento que está acompañado de una promesa: Así te irá bien en todo y tendrás una larga vida en la tierra."

El verso dice: Obedezcan a sus padres, no dice que los obedezcas si ellos hacen algo por ti o si ellos te dan algo entonces si los obedezcas. Sólo dice obedezcan a sus padres porque esto es justo, si cumplimos con esto en nuestras vidas nos va a ir bien, como dice en la última parte del verso, vamos a tener una larga vida sobre la tierra.

¿Recuerdas que en el primer capítulo hablamos de que lo que siembres eso cosecharás? Ahora vemos que además de cosechar lo mismo que sembramos para nuestras vidas, una de las consecuencias de no honrar o respetar a nuestros padres puede ser que no vivamos mucho tiempo en esta tierra y que además mientras vivamos nos puede ir mal si sólo decidimos hacer lo que nos de la gana.

Yo siempre que comparto de este tema de nuestras decisiones y de nuestro futuro, de cómo nosotros formamos el futuro que queremos y de que nosotros somos los que escogemos el camino que queremos seguir, comparto lo siguiente: Yo Makko González pude decidir ser borracho, drogadicto, tal vez hasta narco, irme de mi casa cuando tenía 16 años, embarazar a quien me diera la gana, dejar de estudiar, abandonar mis sueños, ser el peor ejemplo que alguien pueda ser, y todo esto sólo para hacer sufrir a mis viejos; para que se dieran cuenta que todo lo que me hicieron o todo lo que dejaron de hacer en mi vida me había convertido en un parásito de la sociedad. Pero me di cuenta a tiempo que si hacía eso sólo iba a destruir mi propia vida, mi futuro, mis sueños y la vida de los que iban a ser mis hijos. Porque todo eso malo que pude escoger ser, sería un ejemplo de vida para ellos. Lo primero que verían sería un papá con una vida destruida, sin esperanza y muy probablemente el círculo se repetiría hasta que alguien decidiera romperlo.

Eso fue lo que yo hice, decidí romper con ese círculo que se repetía generación tras generación en mi familia. Por familia no digo sólo mis papás y mis hermanos, sino toda la familia extendida, tíos, primos, abuelos, bisabuelos, tatarabuelos, etc. No podía viajar al pasado y tratar de arreglar las decisiones que tomaron mis tatarabuelos, o mis abuelos, ni siquiera las que tomaron mis papás, pero podía decidir no repetir algunas cosas que ellos no hicieron bien. Como dice el apóstol Pablo "No quiero decir que ya llegué a la perfección en todo, sino que sigo adelante. Estoy tratando de alcanzar esa meta, pues esa es la razón por la cual Jesucristo me alcanzó a mí. Hermanos, no considero haber llegado ya a la meta, pero esto sí es lo que hago: me olvido del pasado y me esfuerzo por alcanzar lo que está delante."

Filipenses 3:12-13 PDT. No me considero perfecto, pero sí sé que he tratado cada día de mi vida y seguiré tratando ser un ejemplo para mis hijos de #ComoSerMejoresHijos. Porque estoy convencido que las decisiones que tomé como adolescente están dando sus frutos ahora en mi vida, en la vida de mis hijos, y aunque ellos tal vez ahora no lo ven ni lo entienden, esas decisiones también están dando sus frutos en los hijos que ellos tendrán. Aunque, claro, mis hijos también tendrán que tomar sus propias decisiones de #ComoSerMejoresHijos igual que tú que estás leyendo esto hoy debes decidir cómo ser un mejor Hijo.

Bueno será que todos juntos digamos: "Hermanos traten todos de imitar lo que yo he hecho. Fíjense en aquellos que siguen nuestro ejemplo." **Filipenses 3:17 PDT.** Si todos decidimos ser una generación de cambio, veremos en muy pocos años el cambio que hemos soñado por toda nuestra vida. Tú puedes ser un ejemplo, tú puedes ser el cambio, tú puedes ser un Mejor Hijo.   ¡¡¡¡No te Rindas!!!!

CAPITULO 7
!!NI PASTOR, NI MISIONERO!!

En 1989 inicié mis estudios de nivel secundario en mi amado Instituto Evangélico América Latina. El eslogan del colegio es "Donde aprendo a vivir" pero yo además de aprender a vivir en este lugar aprendí a SERVIR.

A finales de 1988 mi mamá se dio a la tarea de llevarme a varios colegios e institutos públicos, primero que nada para ver si eran buenos para su hijo, y también preguntar si tenían algunos requisitos de admisión. En los institutos públicos me hicieron un examen que debía aprobar para ingresar. Aunque gané esos exámenes, mi mamá no estaba muy segura de inscribirme en esos lugares para estudiar porque me podía convertir en un dolor de cabeza para ella. Esto porque no todos los patojos que estudiaban allí eran un buen ejemplo a seguir. Así que, nuestra aventura en búsqueda de un colegio para mi continuó.

Mi mamá se recordó que la hija de una amiga, o no sé si la hija de algún pariente lejano, estudió en un Colegio que se llamaba "América Latina". Decían que era muy bueno y que allí "componían a los patojos", así que decidió que iríamos a ver qué requisitos se necesitaban para estudiar allí. Mi papá muy obediente, aunque sin muchas ganas, nos llevó en nuestro *pickup* rojo para que mi mamá se quitara la gana de preguntar. ¡¡¡¡¡¡ A mí se me abrieron los ojos a más no poder cuando entramos!!!!!! Era un inmenso colegio. Claro, para algunos tal vez no sea así la impresión. Pero tomando en cuenta que yo estudié toda mi primaria en un colegio pequeño en una casa, donde a la hora de recreo apenas podíamos correr de una esquina a otra; cuando vi el colegio con 3 patios, una cancha para jugar futbol, (aunque después descubrí que les gustaba más el basquetbol) dije ¡¡¡Yo quiero estudiar aquí!!! Luego, llegamos a la ventanilla donde mi mamá preguntó los requisitos y no recuerdo que más le dijeron, pero sí recuerdo que le dijeron que era REQUISITO asistir a un campamento de 3 días en Monte Sión (un lugar para retiros y campamentos fuera de la ciudad capital). Además, le dijeron que los papás no podían asistir ni visitar a los alumnos durante esos días. Si con las instalaciones del colegio se me abrieron los ojos a más no poder, con el requisito de los campamentos ¡¡¡Casi me explotan!!! ¡¡¡Iba a estar 3 DIAS FUERA DE MI CASA!!! ¡¡¡Ja!!! Yo en este colegio quiero estudiar, me dije. Mi mamá estaba un poco más preocupada porque no creía que pudieran pagar la colegiatura. Pero yo con lo emocionado que estaba de todo lo que vi y que además me iba a ir de viaje 3 días solo, ni siquiera pensé en que no teníamos para pagar la colegiatura ¡¡¡¡¡Yo allí quería estudiar!!!!!

Mi mamá trató de hacer labor de convencimiento de que los otros colegios que habíamos visto cerca de la casa eran buenos y no sé que más cosas. Pero yo en esos momentos no escuchaba razones, y aunque sé que en este libro estamos aprendiendo #ComoSerMejoresHijos tengo que confesar que en esa oportunidad les hice el único berrinche de mi vida a mis papás. Bueno, al menos no recuerdo haber hecho otro, y les dije: "Si no me inscriben en el América Latina no sigo estudiando, mejor me voy a trabajar de chofer de camioneta como mi papá". No quiero hacer de menos a los señores pilotos del transporte urbano, porque yo trabajé unos meses como piloto y sé que no es fácil. Mi mamá pegó el grito en el cielo, y hasta amenazó con cinchacearme, pero fui fuerte y no cedí. Ahora mi papá estaba feliz de que yo quería ser chofer y hasta estaba haciendo planes de comprar su propio bus para que yo lo condujera para que creciera el negocio.

En fin, logré que me inscribieran en el América Latina, y vaya que cambió mi vida. En esos viajes de 3 días donde me iba a ir solo de mi casa aprendí tantas cosas y me divertí como nunca, aunque el primer año me asustaron con un juego, tengo memorias muy gratas de esos años. Cada año nos compartían un tema distinto y siempre nos retaban para cambiar y ser diferentes. El último año de estudios, cuando ya éramos graduandos nos hicieron el llamado para Servir a Dios de una de dos maneras, a tiempo completo o dedicando nuestra carrera universitaria al servicio de Dios.

Yo sentía fuerte en mi corazón el dedicarme al servicio a tiempo completo, pero sabía que mi mamá no iba a estar de acuerdo con eso. Incluso, el día antes de salir para el campamento me dijo que cuidadito y decidía convertirme en Pastor o Misionero, porque de eso me iba a morir de hambre. Así que, ¡¡¡¡Ni Pastor, Ni Misionero!!!!   No sé si puedes imaginar la lucha que tenía en mi corazón y mi mente, porque también aprendí en los campamentos que debía obedecer y honrar a mis padres.   Entonces, ¿Qué podía hacer ahora? ¿Qué decisión tomar?   Mi mamá me podía mal matar si le decía que había decidido servir a tiempo completo a Dios, ella quería que fuera médico, pero mi corazón y mi espíritu me indicaban que Dios me estaba llamando a servirle.

Por lo tanto, decidí dejarle todo a Dios en sus manos. Le dije: "Bueno Dios yo voy a hacer lo que dice tu palabra de obedecer y honrar a mis papás pero si vos querés que yo te sirva en un ministerio, vas a tener que convencer a mi mamá y mover todas las cosas para que eso suceda, que se haga tu voluntad. Yo por el momento voy a ser obediente a mi mamá, le voy a decir lo que hay en mi corazón sobre servirte a tiempo completo pero que la voy a honrar siguiendo en la universidad mis estudios y le voy a decir que si tú me llevas de allí a otro lado a servirte también vas a hacer que ella lo comprenda".

En medio de todo este proceso y lucha en mi corazón encontré este versículo y se hizo mi favorito "Dios mío, deseo que se haga tu voluntad; llevo tus enseñanzas en mi corazón." **Salmo 40:8 PDT.** Este versículo fue liberador para mí, porque sabía que Dios haría su voluntad en mi vida. En mi año de graduando en 1993 decidí honrar a mi mamá siguiendo en la universidad, pero dejé en las manos de Dios mi futuro y mi vida, y puedo asegurarte que hasta hoy El ha hecho su voluntad en mi vida.

Finalmente sí terminé sirviendo a tiempo completo a Dios y no fue solo en los dos ministerios donde he tenido oportunidad de hacerlo, sino en toda mi vida, en cada lugar donde el Señor me ha llevado El ha usado los dones y talentos que me ha dado para ser de bendición a otros.

Terminé siendo pastor de adolescentes y jóvenes, aunque nunca me dieron ese título, ni tampoco estudié para que me reconocieran como tal. Pero sí tuve la oportunidad desde 1995 de ser un instrumento que Dios utilizó para ser de bendición a muchos patojos, quienes a través de los años fueron mis alumnos en las Clases de Biblia en el colegio, o me escucharon dar una plática en un culto ya sea que fuera los martes para secundaria, o los miércoles para pre-secundaria, o los jueves para los niños de primaria y como olvidar los lunes para los más pequeños de pre-primaria en Mis Pasitos. Algunos jueves incluso viajaba a Chimaltenango, que está a 53 kilómetros de la ciudad capital a compartir en los dos cultos con todos los patojos del América Latina en ese lugar. Como ves, me convertí en una de las dos cosas que mi mamá había dicho que no hiciera, Soy Pastor; y si me conoces sabes que no he muerto de hambre, estoy bien redondito, todo porque Dios ha sido fiel y bueno.

Luego me convertí en Misionero, en el año 2009 inicié una nueva etapa de mi vida sirviendo como misionero a las personas más necesitadas de mi país. Me uní a la visión de uno de mis mejores amigos, el Doctor Pedro Palacios, más conocido como Tito. Junto con otros amigos iniciamos a servir a nuestro Dios en Fundación La Misión, en donde realizamos muchos viajes durante todo el año a servir a nuestros hermanos guatemaltecos por 5 años. No sé cuantos viajes fueron, pero si quieren saber, pregúntenle a mi esposa amada, ella seguro sabe el número exacto. Te amo Ale, gracias por tu apoyo.

En esta otra etapa emocionante de mi vida, aprendí muchas cosas nuevas, conocí amigos muy especiales y con un corazón GRANDE. Además, Dios seguía utilizando los talentos que desarrollé como maestro en América Latina. Seguí siendo pastor de los patojos que se fueron como voluntarios a las Jornadas Médicas y de todos los patojos de los lugares que visitábamos a los que tuve la oportunidad de compartir lecciones bíblicas y enseñarles alabanzas para nuestro Dios. Incluso me dieron el título de doctor, y así se cumplió el sueño de mi mamá de que su hijo fuera Médico. Claro, no es un título de doctor como el de Tito, aunque siempre lo molestaba que él estudió 7 años para ser Doctor y a mí me graduaron como doctor en las comunidades donde servíamos. Fui doctor entonces porque estuve encargado del área de lentes donde aprendí a hacer exámenes de la vista para ayudar a las personas dándoles los lentes que necesitaban para poder ver mejor.

No sólo soy Misionero porque estuve en el campo sirviendo a las personas que necesitaban ayuda y del amor de Dios, también soy Misionero Electrónico, como dijo Junior Zapata en el año 2003, en una capacitación que nos dieron a los maestros de Educación Cristiana. En esa oportunidad Junior nos habló de lo que la iglesia tendría que enfrentar en el futuro con la tecnología y de cómo podía usar esa tecnología para seguir cumpliendo la gran comisión de ir y hacer discípulos a todas las naciones. Ahora, a través de las redes puedo viajar a cualquier parte del mundo y compartir con otros lo que Dios ha hecho en mi vida y cómo puede utilizar a todo aquel que quiera ser un instrumento en las manos de Dios. Hoy puedo compartir con todos a través de las redes sociales y el internet el consejo de #ComoSerMejoresHijos y veo en esta oportunidad un sueño más que Dios me permite cumplir y que sigue haciendo su voluntad en mi vida.

Todos tenemos un propósito que cumplir, pero cada uno debe descubrir ese propósito, **Proverbios 22:6 Reina Valera 1960 (RVR1960)** dice: "Instruye al niño en su camino, y aún cuando fuere viejo no se apartará de él." A los padres se nos olvida que el niño tiene su camino y queremos meterlo al camino que nosotros creemos que es el mejor. No es por ser malos, es por miedo a que les pase algo. Pero, aún cuando veas que tus papás te están llevando por otro camino, no olvides que hay alguien más grande a quien debemos honrar y que El tiene nuestra vida y la de nuestros padres en sus manos. No olvides el **Salmo 40:8** "Dios mío, deseo que se haga tu voluntad", El Señor va a hacer que tus papás se den cuenta de cuál es el propósito de Dios para tu vida y tú no tienes que desobedecer ni llevarle la contraria a tus padres para cumplir ese propósito. Sólo pídele a Dios que haga su voluntad en tu vida y verás como se cumplen tus sueños uno a uno.

No sé cuál sea tu sueño, posiblemente ni tú lo sabes ahora. Tal vez quieras ser músico, cantante, bailarín, artista, productor, actor o actriz, pastor, misionero, pintor, empresario, ingeniero, presidente, alcalde, futbolista, doctor, arquitecto, maestro, locutor, presentador de TV. Puede ser que ni siquiera mencione aquí lo que tú quieres ser. Estoy seguro que Dios conoce tu corazón y El te va a guiar a su perfecta voluntad. El quiere bendecirte, tiene planes de bien para ti, pero debemos acercarnos a Dios, para que cada día crezcamos en todas las áreas de nuestra vida en Relación con Dios, El nos dará todo lo que necesitamos.

"Sé muy bien lo que tengo planeado para ustedes, dice el SEÑOR, son planes para su bienestar, no para su mal. Son planes de darles un FUTURO y una ESPERANZA." **Jeremías 29:11 PDT.**

Dios tiene planeado nuestro FUTURO pero depende de nosotros cómo queremos que ese futuro se cumpla, busca tu propósito de vida, pregúntale a Dios cuál es su voluntad, se ejemplo a otros de #ComoSerMejoresHijos, siembra hoy lo que quieres cosechar mañana con tus propios hijos, confía en El y El hará.

Yo hoy puedo decir "Ebenezer, El Señor no ha dejado de ayudarnos" **1 Samuel 7:12 NVI.**

CAPITULO 8
DOS VECES DEJADO

Las decisiones de nuestros padres nos afectan sólo si nosotros les damos permiso que lo hagan. Esto es algo muy importante que debemos recordar en nuestro trayecto hacia #ComoSerMejoresHijos. Porque cada uno de nosotros tendrá que rendir cuentas delante de Dios de lo que decidimos hacer y ser, y no vamos a poder culpar a nadie más, aunque sean nuestros padres.

Nací el 31 de marzo de 1976. Sí, tienes razón… fue en otro siglo. No estoy seguro si fue el día que nací o si fue antes o posiblemente después de ese día, pero mi padre biológico se fue y dejó a mi mamá con este hermoso regalito, un bodoquito color negro. No sé si se fue porque me vio muy feo, o si simplemente le dio miedo la idea de ser un papá responsable, pero en fin, se fue. Aquí está la primera vez que fui dejado.

Luego la vida continuó y mi mamá trabajaba duro para que pudiéramos tener lo que necesitábamos. Una de las cosas que hacía era vender jugos de naranja en la Calzada San Juan, esta es una de las vías principales en mi Guatelinda. Mientras ella vendía los jugos, yo daba vueltas y vueltas en mi triciclo, como veía que muchos de los que pasaban a comprar eran choferes de camionetas del servicio público, y que le decían: "Un jugo por favor señora", yo entonces pasaba con mi súper triciclo y cada vez que podía paraba y le pedía: "Otro jugo *poy favoy señoya*". Bueno eso me cuenta mi mamá, por alguna razón mis recuerdos de infancia no son todos tan frescos ni presentes.

Hasta allí seguía sin padre, pero de repente me dijeron: "Mira, éste es tu papá", y pues como todo buen niño de tres o cuatro años, no encontré ningún problema y lo acepté sin protestar. Además, como era chofer de camioneta, era divertidísimo cuando me llevaba y me dejaba cobrar el pasaje. Ahora les dicen "brocha" a los que hacen eso en las camionetas; la verdad, no sé como explicarlo para otros países, pero fue algo que disfruté mucho.

Hasta aquí todo iba bien, pero de repente a los seis años, mi mamá me dice: "Mira, te vas a ir con tu tía a ver a tu papá". Bien, dije yo, que chilero, vamos a ir a dar una vuelta en la camioneta que maneja mi papá. Pero, me di cuenta que no conocía a la señora con la que me iba a ir. Sin embargo, como mi mamá siempre me salía con algún familiar que no conocía y me decía mira este es tu primo, o esta es tu tía, o este es tu tío y me tocaba saludarlos, pues yo sólo obedecí y me fui con la que decían que era mi tía.

Llegamos a una casa que no conocía, no estaba la camioneta de mi papá, me sentaron en la sala donde habían varias maletas y de repente sale un señor chaparro, blanco y que jamás había visto y me dice la tía: "Mira, ese es tu papá". Entonces, por unos segundos entré en conflicto. Primero, es blanco y yo muy moreno. Segundo no quiero ser tan chaparro cuando crezca. Tercero, ¿Entonces mi papá que anda manejando la camioneta en qué se convierte ahora?

Mi reacción al inicio fue: No, seguro mi mamá me vendió porque ya no le alcanza para darme de comer. Pero repentinamente el supuesto nuevo papá sacó unos juguetes de las maletas que estaban en la sala: avión de baterías, carro a control remoto, ropa nueva, zapatos, que por cierto no me quedaron hasta varios años después. Entonces como todo buen niño de seis años le dije: ¡¡¡¡¡"Gracias padre"!!!!! Ahora era mejor que todos mis amigos, yo tenía dos papás, uno que siempre estaba en la casa y nos llevaba comida, y otro que venía cada vez que podía y me traía juguetes y ropa nueva.

Luego me explicaron que el de la camioneta era mi Padrastro, y que el de los juguetes y la ropa nueva era mi papá. Por un momento pensé que era Santa Claus, porque como venía una vez al año y traía regalos…

Luego nació mi hermano Henry, después vino mi hermana Mariana, y yo seguía con dos papás. Nunca le he dicho padrastro al papá de mis hermanos, porque no me gusta como suena y porque para mí sigue siendo mi papá, pues siempre me trató como a su propio hijo. Hace unos días escuché en la radio esta frase "La paternidad no es algo biológico, es algo del corazón" y creo que esto describe muy bien a mi papá Marcelo. El decidió desde su corazón el amarme como a uno de sus hijos.

Todo se desarrollaba normal hasta cuando tenía como 12 años mi papá biológico me invitó, como otras veces que venía a Guatemala, a comer a algún restaurante. No recuerdo si fue desayuno o almuerzo, pero en medio de la conversación me preguntó cómo estaba y qué había hecho los últimos días. Así que, inicié a contarle sobre mis actividades, estaba estudiando, me iba bien y que había salido un par de veces a dar una vuelta en la camioneta con mi papá Marcelo. El detuvo mi relato y me preguntó: ¿Con quién dice que salió a dar una vuelta? Y yo le contesté de forma muy natural: con mi papá Marcelo, y me corrigió: ¡¡¡Su papá soy yo!!! Como buen puberto, casi adolescente, le respondí: "Ah bueno, sí, usted me hizo, pero él me mantiene y está aquí todos los días". El tiempo de comida terminó y no recuerdo si fue inmediatamente después que dije eso, pero si recuerdo que mi papá ya no me volvió a traer nada, ni a invitarme cuando venía a Guatemala.

Pues la vida continuó y mis hermanos y yo crecimos, mi papá Marcelo logró comprar su primer bus urbano y comenzar así su propio negocio. Poco a poco Dios fue bueno y nos dio otros buses, casa propia, carros, ropa y muchas posibilidades económicas. Nuevamente me topé con otra decisión que hizo que las cosas cambiaran, esta vez la decisión la tomó mi papá Marcelo.

Mi papá Marcelo se fue con otra mujer y nos dejó a mí, mi mamá y mis hermanos, y esta fue la segunda vez que fui dejado. Las cosas cambiaron drásticamente, aunque todavía teníamos una parte del negocio, por diversas inversiones que mi papá hizo para comprar más buses perdimos la casa. Ahora, ya no teníamos todas las posibilidades económicas de antes, y aunque mi papá se había ido de la casa seguía llegando y era sólo para pelear con mi mamá. Fue en este tiempo que, como te compartí en el capítulo de Viendo las Estrellas, decidí tomarme el tiempo de empezar a pedir por mi familia, tanto la presente como la futura.

En mis tiempos a solas con Dios le pedí por la familia que yo iba a formar, le pedí que no quería que mis hijos pasaran por las situaciones y circunstancia que yo pasé; que no quería que mi esposa sufriera por mi culpa; que no quería que en mi vida se repitiera la historia de divorcio y separación que sucedió con mis padres; que quería que mi futuro fuera distinto y que no quería darle permiso a las decisiones equivocadas que mis papás tomaron de afectar mi vida como joven ni mi futuro como padre de familia. También le dije que me sentía muy triste y decepcionado de lo que pasaba y que sentía mucho dolor en mi corazón por haber pasado por ese sentimiento de abandono en dos ocasiones.

Fue allí donde Dios me mostró una vez más su amor a través de este versículo, fue este versículo que me dio fuerzas para seguir adelante, confiando en que todo lo que pasa en mi vida está en control de Dios: "Aunque mis padres me abandonen, el Señor se encargará de mí." **Salmo 27:10 PDT.**

Hoy soy inmensamente feliz, con una hermosa y adorable esposa, que me apoya en cada locura que se me ocurre. También me ayuda a poner los pies sobre la tierra cuando por bohemio y soñador no estoy dando los pasos necesarios para hacer las cosas como le agrada a Dios. Soy un orgulloso y feliz padre de dos preciosos ángeles que Dios me envió para que me acompañaran en esta hermosa aventura que es la vida. Soy un hombre realizado y puedo decir a mis casi 40 años que Dios ha concedido cada uno de mis sueños. Aún aquellos que no había compartido con nadie y ni con El mismo, y los que faltan por alcanzar; tengo todo lo que necesito para ser feliz: amor, gozo, fe y mi familia.

Yo tengo un Padre celestial, y tú que lees esto, puedes tenerlo también. No sé cuál sea tu situación, pero si te hace falta uno de tus padres o ambos, yo soy un testimonio vivo de que las cosas pueden ser mejores. Soy una prueba viviente de que tu futuro puede ser diferente y distinto, así como lo es el mío. Estoy convencido que Dios va a llevarte a lugares que nunca imaginaste, sólo tienes que amarlo con todo tu corazón y El hará.

Termino con esto que escuché en la película de los Pingüinos de Madagascar, cuando Cabo acaba de nacer y les pregunta si son su familia, a lo que Skipper le responde: "¿Sabes lo que tienes muchacho? Nos tienes a nosotros, nos tenemos el uno al otro, si eso no es una familia , no sé lo que es". Luego Skipper le pregunta a Kovalski: ¿Cuál es nuestra trayectoria? Y Kovalski responde: "95% seguro de que estamos perdidos y el otro 5% de aventura y gloria como ningún otro pingüino jamás ha vivido". Y Skipper decide tomar ese 5% y encaminarse a lo que llamaron EL FUTURO, EL GLORIOSO FUTURO.

Ama a tu familia, con los que vives ahora, esos que te cuidan, te regañan, te castigan, te dan de comer, que te aman porque decidieron con su corazón ser tus padres. No sólo porque te hicieron, y aunque tampoco sean tus padres biológicamente pero decidieron amarte y hacerte parte de la familia. Amalos y decide tomar ese 5% de aventura y gloria como nunca te has imaginado que tendrás y ve en busca de ese glorioso futuro que Dios tiene preparado para ti.

"Ningún ojo ha visto, ningún oído ha escuchado y nadie ha imaginado lo que Dios tiene preparado para aquellos que lo aman." **1 Corintios 2:9 PDT.**

CAPITULO 9
UNE LOS PUNTOS

¿Te has divertido alguna vez con los dibujos donde debes unir los puntos para ver qué personaje está detrás de todos esas pequeñas líneas unidas? Las actividades de unir los puntos son difíciles, no porque requieran mucha habilidad artística, sino porque necesitan mucha paciencia para poder completar el dibujo un punto a la vez.

Algunas veces el dibujo es sencillo y aún cuando no haz hecho ningún trazo sabes de que se trata, pero en otras ocasiones el dibujo tiene tanto detalle que no sabes qué personaje está representado hasta que haces todo el recorrido un punto a la vez.

#ComoSerMejoresHijos puede ser una tarea en la que tienes que tener paciencia y persistencia, así como en los dibujos de unir los puntos. Al principio no estás muy seguro de qué es lo que resultará de unir esos puntos, posiblemente ni siquiera encuentres el número que sigue para que el dibujo pueda quedar bien. Pero, ten confianza que al final verás el resultado de tu dedicación y esfuerzo.

Todas las situaciones y circunstancias que vivimos cada día de nuestra vida podemos decir que son los puntos que van a ir formando nuestra vida y nuestro futuro. No importa si son circunstancias positivas o si son negativas, cada una es importante para que podamos completar el diseño.

Steve Jobs uno de los fundadores y creadores de Macintosh en su discurso en la Universidad de Standford comparte tres historias de su vida a los estudiantes que están graduándose en el año 2005. La primera de estas historias es la que me hizo pensar en escribir este capítulo. Jobs cuenta que su mamá hizo los arreglos para que al momento de nacer fuera adoptado por los que su mamá creía eran la mejor opción como futuros padres, porque ellos tenían una carrera universitaria y eso le daba a ella la seguridad de que su hijo tendría la oportunidad de asistir a una universidad y tener un futuro asegurado.

Pero cuando él nació, los posibles padres adoptivos decidieron que lo que ellos esperaban y querían era una niña. Así, que llamaron a la siguiente pareja en la lista de espera de adopciones y les dijeron que habían tenido un nacimiento inesperado de un niño y que si ellos estaban de acuerdo en adoptarlo; a lo cual la pareja respondió que sí, pero la mamá de Steve no quiso firmar los papeles de adopción porque se enteró que la futura mamá no tenía un título universitario y que el futuro padre ni siquiera había terminado la secundaria.

Los futuros padres adoptivos de Steve le prometieron a la mamá que lo enviarían a la universidad y fue así como finalmente ella decide firmar la adopción. A los 17 años Steve Jobs inició la universidad, no creía que lo que estaba aprendiendo en la universidad fuera a servirle de una manera práctica en la vida por lo que decidió dejar la universidad y confiar que todo saldría bien. Al renunciar a la universidad ya no tenía que asistir a las clases que eran obligatorias y que además no le parecían interesantes. Por el contrario, él pudo escoger las materias que creía más interesantes. Aunque para él fueron momentos difíciles, pues como renunció ya no tenía un dormitorio en la universidad, se quedaba a dormir en la sala o en suelo de cuartos de amigos. Steve reunía botellas de Coca Cola por las que le pagaban cinco centavos para poder reunir dinero para comer algo. Al pasar el tiempo encontró un curso de caligrafía en la universidad de Reed, y aprendió como hacer diferentes tipos de letras a mano alzada. Quizá en ese momento ese oficio parecía que tampoco tenía una aplicación práctica en su vida. Sin embargo, diez años después cuando crearon la primer computadora Macintosh todo esto que aprendió resultó ser una de las maravillas de estas computadoras, porque las programaron con varios y diferentes tipos de letras maravillosas como las que él aprendió a hacer en esa clase de caligrafía, algo que en ese tiempo no existía en las computadoras. Si él no hubiera renunciado a al universidad tal vez nunca hubiera encontrado este curso de caligrafía y las computadoras posiblemente no tuvieran los diferentes tipos de letras que ahora poseen.

Steve Jobs termina esta parte de su discurso diciendo: "No puedes unir los puntos viendo hacia delante, sólo puedes unirlos viendo hacia atrás." Cuando estaba en las clases obligatorias de la universidad o en las de caligrafía era muy difícil unir los puntos y visualizar como sería el futuro. Pero, diez años después de esa época de estudio fue muy fácil unir los puntos y ver que cada una de esas circunstancias que vivió fueron importantes para su aporte para el diseño y creación de las computadoras Macintosh.

"Así que tendrás que confiar que los puntos en tu vida se unirán de alguna manera en el futuro, porque creer que los puntos se unirán mientras avanzas te dará la confianza de seguir hacia donde tu corazón te guíe, aún cuando en ocasiones sea un camino empinado y difícil, pero eso hará toda la diferencia." **Steve Jobs**

"Yo no cambiaría nada de lo que he vivido en mi vida, aún las situaciones tristes y difíciles, porque todas ellas juntas me han convertido en el hombre que soy ahora." **Michael Jordan**

Yo, Makko González, tampoco cambiaría nada de lo que he vivido hasta ahora, porque cada uno de esos puntos en mi vida me han traído hasta este momento, aún la separación de mis padres, aún cuando sufrí dos abandonos de papá, aún las peleas con mis hermanos, los momentos de desacuerdo con mi mamá, la necesidad económica, y aún más las tundas de parte de mi mamá y los castigos por haberme portado mal. Cada una de esas cosas han colaborado para darme cuenta que cada día puedo ser mejor, que podía y puedo ser un mejor hijo y que puedo ayudar a otros a través de mi ejemplo a descubrir #ComoSerMejoresHijos.

Te puedo dar otro ejemplo muy fresco, y muy contemporáneo, hace unos minutos a mi hijo Juanpa se le quitó el teléfono celular porque se le advirtió que si no cumplía con sus responsabilidades en el colegio y se le veía distraído con el celular nos veríamos en la situación de quitarle el privilegio que le dimos de usar un celular. Pues como buen puberto no cumplió su parte del trato y ¡¡¡Zaz!!! Se le pidió el celular y ahora tiene el problema que además de no tener celular para ver las redes, tampoco tiene despertador para levantarse mañana temprano para ir a estudiar. Juanpa en estos momentos está en su proceso de que no entiende el castigo. Aunque es bien evidente que es por desobediencia, él sigue tratando de asimilarlo porque su pena más grande es llegar tarde mañana a estudiar. También, su otra pena es que está incomunicado con sus amigos. Estoy seguro que en este punto en su vida él no ve que ésta situación a la que él mismo decidió meterse, va a ser clave y parte de la formación que va a llevarlo a convertirse en el hombre que Dios tiene ya planificado que él sea. Pero, será hasta dentro de algunos días o años que él vea hacia atrás y pueda unir los puntos de todo lo vivido, que podrá entender que todo fue parte de su formación para ser un mejor hijo, que será pare de mejores hijos.

"Sabemos que Dios obra en toda situación para el bien de los que le aman" **Romanos 8:28 PDT.**

Recuerda que todo lo que necesitas para que las cosas cambien y logres alcanzar el futuro que siempre soñaste, eres tú mismo. La seguridad de que tú eres la herramienta más importante para construir tu futuro y tu relación constante con Dios son la mezcla perfecta para llegar a esos lugares que ni siquiera te has imaginado que Dios ya preparó para ti.

No es tarea fácil eso de ser mejores hijos, pero si nos acercamos a Dios y Aprendemos de su palabra y nos mantenemos en relación con El, podremos entender #ComoSerMejoresHijos. Te dejo aquí al final el consejo que Dios mismo le da al nuevo y joven líder del pueblo de Israel. Josué tuvo la difícil tarea de guiar a ese pueblo a la tierra prometida. Este mismo consejo nos servirá hoy a nosotros para poder llegar a esa meta que todos tenemos de #ComoSerMejoresHijos y conectar así cada punto en nuestra vida:

"Repite siempre las palabras de libro de la ley de Moisés. Estúdialo día y noche, de manera que puedas actuar de acuerdo a lo escrito en él, PARA QUE TE VAYA BIEN Y TENGAS

ÉXITO. Te repito: se fuerte y valiente. No tengas miedo ni te desanimes porque el Señor tu Dios estará contigo donde quiera que vayas." **Josué 1:8-9 PDT.**

CAPITULO 10
ALGUIEN NOS MIRA

"No dejes que nadie te considere menos por ser joven. Sé ejemplo para los creyentes en tu hablar, en tu conducta, en amor, en fe y en pureza." **1 Timoteo 4:12 PDT**

Ser joven no es pretexto para no hacer bien las cosas, Pablo le pide a Timoteo, que era más joven que todos los pastores de su época, que se comporte como debe y que además sea EJEMPLO para los demás creyentes. Pablo le da una lista específica de cómo Timoteo debe actuar: en su forma de hablar, en su conducta, en amor, en fe y en pureza.

Si bien es cierto que durante la lectura de este libro te he dicho que tú eres todo lo que necesitas para cambiar, también es cierto que como Timoteo debes prepararte para esta tarea de #ComoSerMejoresHijos. Tú eres el autor de tu destino, tú eres el que debe tomar la decisión de iniciar el cambio, tú eres el que debe dar el primer paso, pero también eres tú el que debe ser EJEMPLO.

Mi mamá siempre me decía algún dicho cuando me quería enseñar algo. Por ejemplo, el muy famoso dicho: "Dime con quien andas y te diré quien eres" o el otro muy sonado "El que anda en la miel, algo se le pega". A mí no muy me gustaban esos dichos porque yo creía que estaban equivocados, porque según mi forma de pensar mis amigos no me decían qué hacer, era yo quien decidía cómo comportarme, pero muchas veces me dejaba influenciar por mis amigos, y entonces, los dichos de mi mamá cobraban vida.

Ahora no sólo mi mamá tiene dichos, también la Biblia nos dice esto: "¡No se dejen engañar! Bien dice el dicho, que las malas amistades echan a perder las buenas costumbres." **1 Corintios 15:33 TLA.**

Cuando compartimos tiempo con los amigos, ya sea en el colegio, la iglesia, la cuadra o los de las *chamuscas*, sucede algo que no podemos evitar, comenzamos a hablar como ellos. Usamos palabras que son parte de la vida de cada grupo donde estamos y muchas veces son palabras que en casa nos han dicho que no son correctas. Entonces querido jovencito, ¿Estás siendo tú de ejemplo a tus amigos? ¿Los demás padres del colegio o la colonia te ven y dicen: "Un hijo así quisiera yo"? ¿Los maestros del colegio dicen: "este alumno se nota que es un buen hijo"? ó tristemente estás cediendo a la presión del grupo con el que te relacionas.

Si debemos ser EJEMPLO, como Pablo le dice a Timoteo, eso quiere decir que alguien nos está mirando y además puede repetir nuestro ejemplo, ya sea que estemos dando un buen ejemplo o un mal ejemplo. "¡Todas esas personas están a nuestro alrededor como testigos! Por eso debemos dejar de lado el pecado que es un ESTORBO, pues la vida es una carrera que exige resistencia." **Hebreos 12:1 TLA.**

No tienes ni idea quién está viendo tu forma de actuar, tu forma de hablar, tu forma de comportarte, la forma en la que expresas o no amor, la fe que tienes o que no tienes. Quienes te observan pueden ser tus hermanos más pequeños, los hijos de tus vecinos, tus primos, tus amigos, o si ya eres padre, tus hijos.

Hace dos años en una reunión familiar para navidad, me di cuenta que mis hermanos sí se fijaban en todo lo que yo hacía. Por un momento me invadió el pensamiento de orgullo "claro, me tenían que ver, si yo soy el mayor" pero inmediatamente reaccioné y pensé: "Espero que lo que vieron en mí haya sido un buen ejemplo". Mi hermana empezó a recordar y relatar momentos en que jugábamos juntos y dijo que a ella le gustaba como me hacía el muerto cuando jugábamos peleas o guerritas, que era sorprendente como lograba sostener la respiración. ¿Por qué te menciono esto? Porque parecería que es algo insignificante, pero para mi hermana significaba un momento que la marcó en la vida, para ella fue sorprendente. Lo mismo puede suceder con cada segundo de tu vida, alguien siempre va a estar observando lo que haces y depende de ti si lo que ven los demás, incluyendo tus padres, es un buen comportamiento.

En la película *Big Daddy* (Un Papá Genial) vemos la importancia de dar un buen ejemplo y de tener límites. Al principio, el que se apropió del rol de papá del niño decidió que dejaría que el niño tomara sus propias decisiones y que hiciera las cosas como él quisiera, que comiera lo que se le diera la gana, que usara la ropa que quisiera sin importar como, que tomara un baño sólo si él tenía ganas de hacerlo. Además de enseñarle a hacer cosas que para el supuesto papá eran divertidas, pero que dañaban a otros y la propiedad ajena. Sin embargo, cuando lo llama la directora de la escuela para decirle que lo que su "hijo" hacía no era correcto, que no era la forma adecuada de comportarse y que era importante que se bañara porque los demás niños no querían estar cerca de él porque tenía un olor muy peculiar, el supuesto papá se da cuenta que el niño sólo repetía el comportamiento equivocado y sin límites en el que él estaba acostumbrado a vivir. El se da cuenta que tal comportamiento no era adecuado para el pequeño. Así que, decidió cambiar y darle otro ejemplo al niño para que pudiera mejorar, no sólo en sus clases de la escuela, sino también en la forma de comportarse y de tratar a otros. Además le enseñó a su hijo que los límites no están mal, sino por el contrario, le ayudarían a saber lo que era bueno y lo que era malo.

La palabra EJEMPLO viene del latín *exemplum* que quiere decir modelo, imagen, ideal o patrón. Nosotros que estamos en la aventura de #ComoSerMejoresHijos debemos ser ese *exemplum* para todo el que nos ve. Aun cuando no sabemos con exactitud quienes son esos que nos ven. Recuerdo una historia: Un papá fue de día de campo con su hijo a las montañas, el recorrido era difícil, muchos arbustos que dificultaban el paso, piedras sueltas que podían hacerlos caer por la ladera, viento fuerte. Pero, valía la pena porque al final del recorrido la vista y el lugar de descanso eran simplemente maravillosos. Aunque, tenían un obstáculo más que pasar antes de llegar a ese lugar tan maravilloso, era un puente colgante. Para mí que no soy muy extremo en eso de juegos y aventuras, el decir puente colgante ya era mucho, pero además de la dificultad de estar colgado en lo más alto de las montañas, por el paso de los años, el puente ya no estaba en muy buenas condiciones e incluso le faltaban algunas tablas y otras se veían en muy mal estado, por lo que si no tenían cuidado donde ponían sus pies podrían caer al precipicio. El papá como todo buen padre le da las instrucciones correspondientes al hijo y le dice: "Ten mucho cuidado donde pones tus pies porque si no pones atención te puedes caer", el hijo lo ve fijamente y muy calmado le responde: "No te preocupes papá yo siempre voy a poner mis pies donde tú pongas los tuyos".

Yo no tuve muy buen ejemplo con mi papá, como te dije en un capítulo anterior, yo pude convertirme en un mal ejemplo si lo deseaba y repetir una vida negativa pero en lugar de eso quise tomar el reto de ser un *exemplum* para mis hijos. Viví de cerca el sufrimiento de ver a un padre ebrio a punto de matar a mi hermana cuando era una bebé en un arranque de locura por tanto alcohol que había consumido. Vi peleas muy feas entre mi mamá y mi papá a tal punto de lastimarse. Vi como mi familia se volvía como la de Lilo en una familia rota y no quise tomar ese mal ejemplo para transmitir a mis hijos. Yo quería y quiero ser para mis hijos un buen ejemplo y que cuando tengamos que cruzar un puente colgante en mal estado en esta aventura de #ComoSerMejoresHijos ellos me puedan decir que colocarán sus pequeños pies donde yo coloque los míos.

Esto de ser ejemplo no es una tarea fácil. Necesitamos, como te he dicho antes, tener una RELACION con Dios y no sólo una RELIGION. El rey David dice en el **Salmo 119:9-11 TLA**: "Sólo obedeciendo tu palabra pueden los jóvenes corregir su vida. Yo te busco de todo corazón y llevo tu palabra en mis pensamientos. Mantenme fiel a tus enseñanzas para no pecar contra ti." Para Ser Mejores Hijos debemos buscar a Dios todos los días sin excepción, porque sólo en su palabra vamos a encontrar los consejos que necesitamos para poder ser un buen ejemplo todos los días de nuestras vida. Así, no importa si tenemos amigos que son mal ejemplo, o si nuestros padres no son consientes que ellos son nuestro ejemplo y no son modelos a seguir. Nosotros que buscamos #ComoSerMejoresHijos, manteniendo esa Relación con Dios, guardando su palabra en nuestro corazón y manteniéndonos fieles a sus enseñanzas podremos ser un verdadero *exemplum* para todos los que nos vean.

"Así, Jesús crecía en sabiduría y estatura, y Dios y la gente lo veían con buenos ojos." **Lucas 2:52 PDT.**

Espero que Dios y la gente puedan vernos de la misma forma que miraban al niño Jesús, con buenos ojos. Recuerda leer la Biblia, no olvides hablar con Dios, ten siempre en mente que debes portarte bien, no olvides que debes ser Ejemplo, y verás como juntos vamos avanzando y cambiando en este hermoso recorrido de #ComoSerMejoresHijos.

CAPITULO 11
PAZ INTERIOR

"Tu historia podrá no tener un principio muy feliz, pero eso no te convierte en quien eres, sino el resto de tu Historia, quien TU decidas SER"

El maestro Shifu le explica a Po dos maneras de poder encontrar la Paz Interior, que es la siguiente fase de su entrenamiento como maestro del Kung Fu. Algunos deciden meditar por 50 años en una cueva sin ni una sola pizca de comida o agua; y claro está, ni Po ni Makko González hubieran escogido esa manera. Así que la otra manera de encontrar la paz interior es a través del sufrimiento como le sucedió al maestro Shifu. El peor día de su vida fue cuando eligieron a Po el Guerrero Dragón, pero cuando el maestro Shifu se dio cuenta que el PROBLEMA no estaba en Po sino que el PROBLEMA estaba en él mismo, fue entonces que encontró la Paz Interior.

Yo no vengo hoy a enseñarte una religión nueva, ni a que hagamos ejercicios de yoga, ni de relajación. Mucho menos vengo a darte un secreto ancestral que nunca había sido revelado y estaba en la bóveda del Gran Jaguar en las ruinas de Tikal en Petén (por cierto si alguien fuera de Guatemala está leyendo el libro le recomiendo que venga a visitar Tikal es un lugar soñado y maravilloso). No es un secreto milenario que sólo los abuelos nos pueden revelar, es algo bien práctico y sencillo, es el Perdón y la Convicción.

En mi vida he podido ver que esas dos palabras me han llevado a tener Paz Interior, a tener mi corazón tranquilo y sano, porque a pesar de como te compartí en el capítulo Dos Veces Dejado, ese sufrimiento me ayudó al igual que a Shifu a encontrar la Paz Interior.

Recuerda que las circunstancias de la vida no definen lo que tú eres. Tú eres el autor de tu destino, tú tienes que empezar a cambiar para que las cosas cambien, debes cambiar tu forma de SER y de PENSAR, debes cambiar para cambiar lo que no quieres en tu futuro, y no importa cual haya sido el principio de tu historia, lo más importante está por venir, tu futuro aún no ha sido escrito, así que debes crearte uno bueno.

Perdón y Convicción, ¿perdonar qué? Pues cualquier cosa que hayan decidido tus padres que hasta hoy todavía lo tienes guardado en lo más profundo de tu corazón.

Porque según tú, eso que no puedes perdonar, es la causa de tu forma de ser ahora. Puede ser que, al igual que yo, debas perdonar el abandono de tus padres, tal vez ni siquiera los conociste y crees que eso es lo que provocó que tengas odio y dolor en tu corazón. Tal vez debes perdonar a tus padres porque, aun cuando viven en la misma casa, pareciera que son dos desconocidos. O quizás decidieron separarse y tontamente te han hecho pensar que tú eres responsable de lo que decidieron. Pero eso es una mentira del diablo, tú no eres responsable por las buenas o malas decisiones que tus padres tomaron, *ellos tienen que aprender a vivir con el resultado de sus decisiones*. Tú tienes que aprender a declarar que las decisiones equivocadas de tus padres no van a afectar tu futuro, porque lo que define quien eres tú es el resto de tu historia, lo que tú decidas ser.

La convicción que tengo es de que Dios me ha llamado a servirle, me ha enviado a ser de bendición a otros, me ha preparado para este momento de mi vida. Puedo ver hacia atrás y ver como se unen los puntos de mi vida para hacer de mí un Hijo de Dios que pueda contarle a otros lo que Dios puede hacer cuando uno decide ser diferente y amarle con todo el corazón por sobre todas las cosas. Tengo la convicción de que "aunque mis padres me abandonen, el Señor se encargará de mí". El es mi padre celestial y me ha guardado por casi 40 años, dándome todo lo que necesito, concediendo cada uno de mis sueños, aún los que no le he pedido, me ha dado la felicidad de tener una hermosa familia con mi Ale bonita, mi Luciérnaga y mi Papalino Atómico, hasta hoy no me ha dejado y sigue mostrándome su amor.

"El Señor es mi pastor, nada me falta. Me lleva a descansar a prados verdes, y me conduce a manantiales de agua fresca. El renueva mi alma. Me lleva por buenos caminos para mostrarme lo bondadoso que es. Aunque pase por caminos oscuros y tenebrosos, no tendré miedo, porque tú estás a mi lado; tu vara y tu bastón me reconfortan. Me preparaste un banquete delante de mis enemigos; ungiste mi cabeza con aceite, has llenado mi copa hasta rebosar. Tu bondad y tu fiel amor estarán conmigo toda la vida, entraré a la casa del Señor para quedarme allí para siempre" **Salmo 23 PDT**

No sé si eres creyente o no, no sé si ya no te importa nada sobre Dios porque según tú, El es el responsable de todo lo malo que pasa en tu vida, o si estás peleando con Dios porque te quitó a tu mamá o a tu papá. La verdad mi querido amigo todo eso no importa, porque sólo son ideas que tenemos en nuestra cabeza que lo único que hacen es crearnos más dolor y soledad. Ya es tiempo que abras tu corazón y saques todo eso para que realmente puedas tener la paz interior que te ayude a superar todo lo que has vivido y a perdonar a tus padres, para que entonces sigamos avanzando en nuestra aventura de #ComoSerMejoresHijos. Porque cuando nosotros cambiemos vamos a tener mejores hijos y ellos seguirán reproduciendo esa misma conducta y este mismo sentir en las siguientes generaciones ¡¡¡¡¡Esto sólo es el inicio!!!!!

Jesús le dijo a Pedro en Mateo 18:22 que debíamos perdonar a los que nos ofenden o nos hacen algo malo y perdonarlos hasta setenta veces siete. Algunos dicen que esto es como 7 a la septuagésima potencia es decir 7 y después 70 ceros, es un número muy grande, y aunque fuera 7 multiplicado por 70 son 490 veces y si somos más tacaños y solo queremos creer que es 77 veces, aún así son muchas veces las que tenemos que perdonar a la misma persona.

"Estimados hermanos, amémonos unos a otros porque el amor viene de Dios. Todo el que ama tiene a Dios como su Padre y conoce a Dios. El que no ama no ha conocido a Dios, pues Dios es amor. Nosotros amamos porque dios nos amó primero. Dios nos dio este mandamiento: el que ama a Dios, ame también a su hermano." **1 Juan 4:7-8; 19 y 21 PDT.**

El perdón es amor, y vas a poder experimentar ese amor de Dios una vez decidas perdonar a tus padres, así como yo decidí perdonar a los míos y no dejar que las decisiones que ellos tomaron afectaran mi vida y mi futuro. Al perdonar a mis padres, el amor de Dios del que nos habla Juan llenó mi corazón y comenzó a hacer los cambios que mi vida necesitaba para poder cumplir el propósito por el cual Dios me tiene aquí. Ahora que soy Padre debo dar de ese amor a mis hijos también. Si el propósito de Dios para mi vida era que me convirtiera en padre y que formara mi familia soñada y que instruya a mis hijos en el camino que Dios tiene preparado para ellos, entonces puedo decir que soy el hombre más dichoso y realizado, porque Dios me ha concedido mi sueño más grande, SER ESPOSO Y PADRE.

Recuerdas que te dije que tú puedes llegar a ser padre también. No sabemos cuando va a ser el último día de nuestra vida, ni cuando se vaya a acabar el mundo, pero mientras eso sucede, tú puedes llegar a ser padre y vas a cosechar con tus hijos todo lo que siembres hoy con tus padres, hay una canción que me gusta mucho y que además me reta cada vez que la escucho y el coro dice así:

"SEÑOR YO QUIERO SER COMO TU
PORQUE EL QUIERE SER COMO YO
YO QUIERO SER UN BUEN EJEMPLO
QUE SUS OJITOS PUEDAN VER.
SEÑOR AYUDAME A ENSEÑARLE
QUE EL PUEDA ENTENDER
QUE YO QUIERO SER COMO TU
PORQUE EL QUIERE SER COMO YO"

Tú puedes ser ese buen ejemplo desde ahora que eres hijo, para que cuando tus hijos vengan a este mundo y escuchen a sus abuelos, tíos, bisabuelos o cualquier familiar o incluso a uno de tus amigos, escuchen cosas maravillosas de su padre o su madre cuando era hijo o hija. No esperes para mañana para cambiar, empieza hoy y acompáñame con mis hijos en esta maravillosa aventura de #ComoSerMejoresHijos.

ACERCA DEL AUTOR

Nació el 31 de marzo de 1976 en la Ciudad de Guatemala, apasionado por enseñar y divertirse con los niños, adolescentes y jóvenes de su país a los cuales ve como los futuros líderes y héroes que generarán el cambio que este país necesita.

Cursó sus estudios secundarios en el Instituto Evangélico América Latina, donde además de aprender a vivir, se enamoró del servicio a Dios y a la comunidad, en ese mismo lugar dedicó 14 años a la enseñanza y preparación de nuevas generaciones a través de la clase de Biblia de la cual fue maestro, también fue coordinador de campamentos para todos los grados, responsable de los cultos que de martes a jueves se realizan en el colegio, Coordinador General del Departamento de Educación Cristiana durante sus últimos años de servicio en esa institución, Maestro de la Clase de Líderes, Predicador, Consejero, Confidente, Sonidista, Director de Logística de Eventos Académicos, Conferencista de trabajo en equipo y Desarrollo Personal Nacional e Internacional.

Misionero durante 5 años sirviendo a diferentes comunidades de su país con Fundación La Misión, donde fue Asistente del Director de la Fundación, Director de Logística y Proyectos, también fue Superintendente en el Proyecto educativo que la Fundación coordina en el Municipio de Palencia que esta a 35 kilómetros de la ciudad, durante estos cinco años también cumplió su pasión de trabajar con niños y jóvenes compartiendo el mensaje de salvación y consejos para desarrollar nuevos líderes en las comunidades.

Casado con el Amor de su vida desde el 16 de Junio de 2001, Ale, a quien conoció en el colegio América Latina, y con quien tiene dos hermosos hijos Juanpa de 12 años y Lucy de 9 años.

Ha realizado diferentes estudios acerca de Coaching Ontológico y Neurocomunicación en la Universidad Inter Naciones de la Ciudad de Guatemala, y otros cursos de interés entre los que destacan Liderando y desarrollando gente talentosa, Gestión del aprendizaje corporativo, Organización de Eventos Corporativos y Masivos de Grupo Buró y la Pontificia Universidad Javeriana de Colombia.

Actualmente es Gerente General y Propietario de la empresa Servicios GA, empresa que cuenta con dos líneas de servicio, una de Montaje y Organización de Eventos, y la otra de Transporte Corporativo y Particular; además inicia sus pasos como escritor para cumplir la voluntad de Dios con los talentos que le ha dado y las experiencias que le ha permitido vivir.

Expectante de la voluntad de Dios para su vida para los próximos años, pero estando seguro de que Quien empezó la buena obra en él la seguirá perfeccionando, llevándolo a lugares que nunca imaginó, pero que fueron preparados para que él los recorra por la Gracia, Misericordia y Amor de nuestro Creador, como un instrumento en las manos del Todo Poderoso quien seguirá concediendo cada sueño y anhelo de su corazón.

www.ingramcontent.com/pod-product-compliance
Lightning Source LLC
Chambersburg PA
CBHW071622150726
48000CB00004B/1847